Reinhard Müller

SCHWARZ · ROT · GUT

Reinhard Müller

SCHWARZ · ROT · GUT

Wie Deutschland sich immer wieder neu erfindet

Frankfurter Allgemeine Buch

Bibliografische Information der Deutschen Nationalbibliothek
Die Deutsche Nationalbibliothek verzeichnet diese Publikation in der
Deutschen Nationalbibliografie; detaillierte bibliografische Daten sind im
Internet über http://dnb.dnb.de abrufbar.

𝔉𝔯𝔞𝔫𝔨𝔣𝔲𝔯𝔱𝔢𝔯 𝔄𝔩𝔩𝔤𝔢𝔪𝔢𝔦𝔫𝔢 Buch

© FAZIT Communication GmbH
Frankfurter Allgemeine Buch
Frankenallee 71–81
60327 Frankfurt am Main

Coverillustration: Julian Rentzsch
Umschlag: Kerim Demir
Satz: Frankfurter Allgemeine Buch
Druck: CPI books GmbH, Leck
Printed in Germany

1. Auflage
Frankfurt am Main 2020
ISBN 978-3-96251-084-8

ALLEN, DIE DIE FRANKFURTER ALLGEMEINE ZEITUNG
MACHEN UND LESEN.

INHALT

EINFÜHRUNG

W as macht Deutschland anders? Warum steht es gut da? Schon bald nach Beginn der Corona-Pandemie schauten viele auf dieses Land, das nun seinen 30. Geburtstag als wiedervereinigter Staat feiert. Von der New York Times bis zum britischen Unterhaus fragten sich viele: Was ist so besonders am deutschen Weg? Zwar war das Land nicht so früh betroffen wie Italien, es hatte Zeit sich vorzubereiten, aber das galt zum Beispiel auch für Frankreich, Spanien, Großbritannien und die Vereinigten Staaten von Amerika. Und doch war die Sterblichkeit hierzulande deutlich niedriger, das Gesundheitssystem geriet kaum an seine Grenzen. Die Bundeskanzlerin wurde allseits gelobt. Doch lag es an ihr oder an einzelnen Ministerpräsidenten, dass die Krise so gut bewältigt wurde? Oder liegen die Gründe tiefer?

Woran liegt es, dass Deutschland in der EU, aber auch darüber hinaus als Fluchtpunkt und Vorbild gilt? Am System und an den Menschen? Gewiss, aber im luftleeren Raum ist dieser Staat nicht entstanden. Dass Deutschland so gut dasteht, ist umso erstaunlicher, wenn man bedenkt, dass dieses Land vor 75 Jahren am Boden und in der Seele zerstört war. Auch damals konnte es freilich an eine Vergangenheit anknüpfen. Sie reicht noch viel weiter zurück als die nationalsozialistische Herrschaft – auch wenn diese im offiziellen Gedenken nachvollziehbarerweise im Vordergrund steht. Der Föderalismus wird heute gern gescholten – er hat aber nicht nur eine lange, international bewunderte Tradition: die Bundesstaatlichkeit, die vertikale Gewaltenteilung und die kommunale Selbstverwaltung in allen Angelegenheiten der örtlichen Gemeinschaft erweisen sich geradezu als Krisen-Lösungsmittel erster Güte.

Es gab, im Schlechten, aber auch im Guten, keine Stunde null. So wie auch für die Wiedervereinigung, auch wenn nicht mehr viele an sie glaubten, Vorkehrungen getroffen worden waren. Der souveräne Staat ist dabei kein Fetisch mehr, wohl aber bleibt er Herr auch der europäischen Verträge. Der Staat ist das Gemeinwesen, in dem Demokratie und Rechtsstaatlichkeit bisher am besten aufgehen können. Im Vordergrund stehen der Mensch und seine Rechte; manches finden wir vor, auch in der Natur. Wie steht es mit Gleichheit, Religion und der Pflicht am Gemeinwesen? Kann wieder der Absturz in die Barbarei drohen? Ist Deutschland heute eins? Und was kann dieses Land von Einwanderern verlangen?

Dieses Buch ist das Ergebnis einer nun schon jahrzehntelangen Beschäftigung mit Deutschland und fußt zugleich auf zahlreichen Artikeln und Gedanken, die der Autor in mehr als 20 Jahren in der Frankfurter Allgemeinen Zeitung zu Papier gebracht hat. Vieles hat Bestand, es wurde aber auch neu in die Zeit gestellt. Und natürlich gibt es auch ganz neue Überlegungen zum Thema. 30 Jahre Deutsche Einheit und die Corona-Krise sind somit nur der Anlass, etwas tiefer in Geschichte und Gegenwart einzutauchen und in verschiedenen Facetten der Frage nachzugehen, wie wir wurden, was wir sind. Welches sind die Fundamente, auf denen Deutschland sich immer wieder neu erfinden kann?

Reinhard Müller
Im Juli 2020

WAS IST DEUTSCHLAND?

SCHULD UND WUNDEN

Deutschland? Der Name kann immer noch Provokation und Belastung sein. Doch die „Nie wieder Deutschland"-Rufe, die noch im Zuge der Wiedervereinigung gelegentlich zu hören waren, sind weitgehend verstummt. Deutschland ist eine Selbstverständlichkeit und kein großer Streitpunkt mehr. Es ist eben ein Land, das Land, in dem man lebt, in dem es einem ganz gut geht, wie im Vergleich zum Ausland gelegentlich klar wird. Die Corona-Krise hat das wieder ins Gedächtnis gerufen.

Deutschland und deutschsein werden nicht mehr besonders thematisiert. Aber das wir so sind, wie wir sind, ist ja kein Zufall, sondern hat seine Gründe. Und die liegen in der Vergangenheit.

Es fällt freilich auf, dass dieser Blick zurück meist in der jüngeren Vergangenheit verharrt. Das ist verständlich: Im Vordergrund steht, was den Zeitgenossen noch in Erinnerung ist. 30 Jahre Wiedervereinigung. Vor allem jedoch die Schreckensherrschaft der zwölf Jahre nationalsozialistischer Diktatur, die das Land und seine Nachbarn weiterhin prägen und die nicht vergehen wollen und sollen.

Oder auch – für ein breites Publikum schon weniger interessant – 70 Jahre Weimarer Reichsverfassung, an die 2019 erinnert wurde. Doch was ist mit der Zeit davor? Da wird es dünn.

Deutschland dient allenfalls als negative Projektionsfläche. Die offizielle Erinnerung bricht ab. Vom Reich spricht man nicht mehr. Das ist verständlich mit Blick auf terroristische „Reichsbürger", welche die demokratische Ordnung nicht anerkennen, und verfassungsfeindliche Äußerungen aus der AfD. Doch auch gefährliche Wirrköpfe ändern die Historie nicht und sollten auch keinen Einfluss nehmen. So wichtig es ist, vor ihnen zu warnen und sie im Auge zu behalten: Ihnen darf man die Geschichte nicht überlassen.

Das offizielle Gedenken ist natürlich immer ein Kind seiner Zeit. Obwohl Deutschland gleichsam auf der Schädelstätte eines Völkermords wiederaufgebaut wurde, spielte das in der ersten Nachkriegszeit nicht die Hauptrolle. Kein Wunder: Die Täter und Mitläufer waren nicht nur „unter uns", sondern in wichtigen Positionen in Staat und Gesellschaft. Zudem ging es anfangs buchstäblich ums Überleben und später um das Funktionieren, dieses Mal aber – in der Bundesrepublik – in einem demokratischen Gemeinwesen. Die Beschäftigung mit dem Ausmaß der Verbrechen und der eigenen Verstrickung setzte so erst spät ein; in der Breite womöglich erst mit der Ausstrahlung der amerikanischen Fernsehserie „Holocaust" (in Deutschland 1979).

Und noch danach stand man auch im hochoffiziellen Gedenken eher eng zusammen. So gibt es eine gewisse Kontinuität von der Ehrenerklärung Bundeskanzler Adenauers für alle „Waffenträger unseres Volkes", die auch Angehörige der Waffen-SS einbezog, bis in die achtziger Jahre, in denen sich Bundespräsidenten ausdrücklich für die Entlassung des einstigen Hitler-Stellvertreters Rudolf Heß aus alliierter Haft einsetzten.

Jetzt ist eine andere Entwicklung zu erkennen, jedenfalls in der Erinnerungspolitik des Staatsoberhaupts. Obwohl der zeitliche Abstand zu den unfassbaren Gräueln der nationalsozialistischen Diktatur zunimmt, sind diese Untaten mehr denn je Gegenstand der Reden von Bundespräsident Steinmeier.

Das ist mehr als verständlich für seine Reden etwa in Polen und Italien an Stätten deutscher Verbrechen und zu ihren Jahrestagen. Dem Terror folgten, so der Bundespräsident aus Anlass des Gedenkens an den deutschen Angriff auf Polen vor 80 Jahren, „Zerstörung, Demütigung, Erniedrigung, Verfolgung, Folter und millionenfacher Mord an polnischen Bürgern, an polnischen und europäischen Juden. Welcher Deutsche wollte auf Wielun schauen, auf Warschau oder Palmiry, auf Auschwitz und andere Orte der Schoa, ohne Scham zu empfinden?" In der Tat: Zahlreiche Orte, auch solche, die kaum bekannt sind, wurden ausgelöscht, seine Bewohner ermordet und vertrieben. Steinmeier zitiert Thomas Mann: „Man hat mit Deutschland zu tun und deutscher Schuld, wenn man als Deutscher geboren ist." Er sagte in Polen: „Unrecht und erlittenes Leid können wir nicht ungeschehen machen. Wir können es auch nicht aufrechnen."

So ist es. Aber war das Aufrechnen je deutsche Politik? Und ist Nicht-Aufrechnen gleichbedeutend mit Schweigen? Die Vertreibung von Millionen von Deutschen aus ihrer angestammten Heimat jedenfalls erwähnte Steinmeier mit keinem Wort. Nun sprach der Bundespräsident in einem anderen Kontext als seinerzeit Bundeskanzler Willy Brandt, der 1970 in Warschau schlicht niederkniete. Damals ging es auch um den Status Deutschlands und damit auch um die Vertreibung. Zudem waren die Verbrechen auch der Wehrmacht, war die Art des Vernichtungskrieges so noch nicht im öffentlichen Bewusstsein präsent.

Andererseits sprach Steinmeier jetzt zu einer Zeit, da in Polen weiterhin und auch aus der Regierung heraus Reparationsrechnungen aufgemacht werden. Ministerpräsident Mateusz Morawiecki sagte in seiner Danziger Gedenkrede, man müsse Wiedergutmachung verlangen. Staatspräsident Andrzej Duda äußerte, das polnische Parlament werde bald „eine Rechnung vorlegen". Eine Arbeitsgruppe ist mit der Schätzung der Höhe befasst. Ein Minister nannte 2017 eine Schadenssumme von „bis zu 840 Milliarden Euro". Auch aus Griechenland und Italien werden weiterhin Reparationen von Deutschland gefordert.

Nun ist die offizielle deutsche Position, dass es für Reparationen keinen Raum mehr gibt. Auch Bundespräsident Steinmeier hat diese Linie zu achten, gerade weil er Deutschland nach außen vertritt. Jeder Präsident hat gewiss eine andere Tonalität; die Steinmeiers ist anders als die Joachim Gaucks. Steinmeier findet jedenfalls für die Schuld Deutschlands mehr Worte als Willy Brandt, dem eine große Geste reichte.

Auch in seiner Rede zum 8. Mai 2020, dem 75. Jahrestag des Kriegsendes, erwähnte Steinmeier die Vertreibung nur ganz knapp. Überschattet war die Feier, die nur in ganz kleinem Rahmen stattfand, von der Corona-Krise und von der „Versuchung eines neuen Nationalismus", von Hass und Hetze, von Fremdenfeindlichkeit und Demokratieverachtung, „nichts anderes als die alten bösen Geister in neuem Gewand", so der Bundespräsident, der auch einen Bogen zu den jüngsten Anschlägen zog. „Wir denken an diesem 8. Mai auch an die Opfer von Hanau, von Halle und Kassel. Sie sind durch Corona nicht vergessen!"

Richard von Weizsäcker sprach dagegen noch 1985, als also ein beträchtlicher Teil der Erlebnisgeneration noch unter uns war, aber vor der Wehrmachtsausstellung über die Beteiligung auch der Soldaten an ungeheuerlichen Verbrechen: „Die meisten Deutschen hatten geglaubt, für die gute Sache des eigenen Landes zu kämpfen und zu leiden. Und nun sollte sich herausstellen: Das alles war nicht nur vergeblich und sinnlos, sondern es hatte den unmenschlichen Zielen einer verbrecherischen Führung gedient. Erschöpfung, Ratlosigkeit und neue Sorgen kennzeichneten die Gefühle der meisten. Würde man noch eigene Angehörige finden? Hatte ein Neuaufbau in diesen Ruinen überhaupt Sinn?"

Und dennoch, so der damalige Bundespräsident, sei von Tag zu Tag klarer geworden, „was es heute für uns alle gemeinsam zu sagen gilt: Der 8. Mai war ein Tag der Befreiung. Er hat uns alle befreit von dem menschenverachtenden System der nationalsozialistischen Gewaltherrschaft." Weizsäcker hatte diese Formel keineswegs erfunden, sie war von deutschen Politikern schon früher gebraucht worden. Doch diese umfangreiche Rede eines ehemaligen Wehrmachtsoffiziers war gleichsam eine Beichte *ex cathedra,* eine hochoffizielle Erklärung des immer noch neuen Deutschland für die Welt.

Weizsäcker erinnerte schon damals an das, was heute Hauptinhalt des offiziellen Gedenkens ist: „... wir dürfen nicht im Ende des Krieges die Ursache für Flucht, Vertreibung und Unfreiheit sehen. Sie liegt vielmehr in seinem Anfang und im Beginn jener Gewaltherrschaft, die zum Krieg führte." Deutschland dürfe den 8. Mai 1945 nicht vom 30. Januar 1933 trennen.

Der Bundespräsident von 1985 sagte aber auch etwas, was ungleich seltener zitiert wird: „Der 8. Mai ist für uns Deutsche kein Tag zum Feiern." Er fügte hinzu, „wir" hätten „wahrlich keinen Grund, uns am heutigen Tag an Siegesfesten zu beteiligen. Aber wir haben allen Grund, den 8. Mai 1945 als das Ende eines Irrweges deutscher Geschichte zu erkennen, das den Keim der Hoffnung auf eine bessere Zukunft barg." Weizsäcker, der – anders als Steinmeier Jahre später – in der Regel von „wir" sprach und nicht „ich" sagte, gedachte zunächst aller Toten des Krieges und der Gewaltherrschaft, dann der sechs Millionen Juden, die in deutschen Konzentrationslagern ermordet wurden. Dann aller Völker, die im Krieg gelitten haben, vor allem der unsäglich vielen Bürger der Sowjetunion und Polens, die ihr Leben verloren haben.

„Als Deutsche gedenken wir", so fuhr Weizsäcker fort, „in Trauer der eigenen Landsleute, die als Soldaten, bei den Fliegerangriffen in der Heimat, in Gefangenschaft und bei der Vertreibung ums Leben gekommen sind. Und später: „Bei uns selbst wurde das Schwerste den Heimatvertriebenen abverlangt. Ihnen ist noch lange nach dem 8. Mai bitteres Leid und schweres Unrecht widerfahren. Um ihrem schweren Schicksal mit Verständnis zu begegnen, fehlt uns Einheimischen oft die Phantasie und auch das offene Herz."

Hiervon ist bei Steinmeier keine Rede mehr. Die Zeit ist zweifellos eine andere. Das Wiederaufflammen eines Rechtsextremismus bis hin zum Terrorismus erfordert gerade auch nach außen und im Ausland ein anderes Auftreten. Deshalb sprach Steinmeier am 8. Mai 2020 davon, dass Deutschland vor 75 Jahren befreit worden sei, doch: „Heute müssen wir uns selbst befreien."

Das ändert freilich nichts an Deutschlands Wunden. Die Erinnerung verblasst auch hier mit dem Sterben der Erlebnisgeneration. Doch durch Verschweigen überlässt man das gebotene Gedenken an die deutschen Opfer von Krieg und Vertreibung den Verfassungsfeinden. Nicht mehr an die ganze Geschichte zu erinnern, beruhigt auch das Ausland keineswegs – so sehr konkrete Versöhnungsgesten auch geschätzt werden. Schließlich ist auch dieser Teil der deutschen und europäischen Geschichte auf Schritt und Tritt präsent. Er vergeht nicht.

WIR ALS PREUSSEN UND GERMANEN

Es gibt freilich bemerkenswerte Ausnahmen der Erinnerungskultur, wie vor fast 30 Jahren das Volksfest zur Umbettung Friedrichs des Großen in Potsdam. Es war – zwei Jahrhunderte nach dem Tode des Preußenherrschers und seines Vaters, des „Soldatenkönigs" Friedrich Wilhelm I. – zugleich eine Art Ungehorsam und ein Staatsakt. Ungehorsam, weil Friedrich II. testamentarisch verfügt hatte, in aller Stille in der Gruft des Schlosses Sanssouci beigesetzt zu werden. Staatsakt, weil Bundeskanzler Helmut Kohl teilnahm, als einziges Nichtfamilienmitglied und „als Privatmann". Aber es spielte nicht nur ein Polizeiorchester, als der Sarg hinabgesenkt wurde. Der Sonderzug mit den Särgen, die in der Hohenzollernburg am Rand der Schwäbischen Alb ihre vorläufige Bleibe gefunden hatten, wurde in Potsdam von einem Musikkorps der Bundeswehr empfangen, und sechs Stabsoffiziere der Bundeswehr standen den ganzen Tag über im Wechsel Ehrenwache am Sarg Friedrichs des Großen.

Der Enkel des letzten deutschen Kaisers, Prinz Louis Ferdinand von Preußen hatte versprochen, die beiden Preußenkönige in die brandenburgische Heimat zurückzuführen – und das wiedererstandene Bundesland Brandenburg unter sozialdemokratischer Führung organisierte die Feier.

Und das war es wirklich: eine Feier, ein Volksfest. Unter großem Polizeiaufgebot übrigens. Doch das erwies sich als unnötig. Keine spürbare Störung war zu verzeichnen. Wohl aber eine friedliche Demonstration, auf die Ministerpräsident Stolpe stolz war. Eine kleine Gruppe erinnerte etwa an den „schwulen König Friedrich". Sie hatten sich im Stil der damaligen Zeit gekleidet wie manch andere Grüppchen auch. Doch die Mehrheit der überwiegend älteren Besucher aus Brandenburg wie ganz Deutschland war jenem strahlenden Sommertag ist älteren Jahrgangs und defilierte schweigend und diszipliniert nach langem Anstehen an den Särgen vorbei.

Die internationale Aufmerksamkeit war groß. Knüpfte das wiedervereinigte Deutschland, wie der Deutschlandfunk fragte, „mit dieser Zeremonie an undemokratische, preußische Traditionen" an? Der Historiker Hans Mommsen warnte: „Die Bundesrepublik hat – gerade nach der Vereinigung – das Problem, ihre Identität zu finden. Es ist sicherlich verkehrt, wenn jetzt, an der Spitze der Bundeskanzler, das Haschen nach dem Mantel der Geschichte einsetzt, und man dann versucht, etwa die Umbettung Friedrichs des Großen da als Anlass zu nehmen. Und wenn so wenig republikanische Gesinnung in den Köpfen der führenden Bonner Regierung drin ist, muss dagegen gehalten werden."

Ministerpräsident Stolpe aber sagte: „Wir stehen zu Preußen, denn es ist ein Teil brandenburgischer und deutscher und europäischer Geschichte. Wir werden zu widerstehen haben, wo Preußens Schatten uns einholen wollen, aber wir werden Preußens positive Traditionen weiterführen." Ein starkes Wort. Immerhin war Preußen von den Alliierten nach dem Zweiten Weltkrieg aufgelöst worden. Das Kontrollratsgesetz Nr. 46 von 1947 hielt fest, dass Preußen „seit jeher Träger des Militarismus und der Reaktion in Deutschland" gewesen sei und „in Wirklichkeit" aufgehört habe zu bestehen.

Doch diese Vergangenheit will und wird nicht vergehen. Das zeigt sich ganz aktuell im Streit über Ausgleichszahlungen für die Hohenzollern. Allein die Tatsache, dass Bund und Länder mit den ehemaligen Herrscherhäusern jahrelang verhandelten, belegt: Man kann der Geschichte nicht entfliehen. Und wenn der deutsche Staat selbst Ansprüche an die Hohenzollern stellen würde – zeigt auch das doch nur, dass man die Geschichte ernst nimmt.

Jedenfalls gehört Preußen zur deutschen Identität. Und nicht nur Preußen.

So erklärte Bundespräsident Roman Herzog dem ersten frei gewählten Präsidenten der Mongolei, Gegensätze zögen sich an. Das mache einen Teil der deutsch-mongolischen Freundschaft aus. „Den anderen Teil erklärt der Blick weit zurück in die Geschichte, als Ihr Volk, Herr Präsident, uns 1241 bei Liegnitz staunendes Fürchten lehrte. Seither, so fuhr Herzog fort, „ranken sich bei uns viele Legenden um die mächtigen Herrscher der Mongolei, um ihre wagemutigen und furchtlosen Menschen, um die weltweit bestaunten Meister der Reitkunst und um die hohe mongolische Kultur."

Dieses „uns" wird bei uns eher selten für solche fernen historischen Ereignisse gebraucht. Und auch mit Blick auf die jüngere Vergangenheit ist eher selten zu hören, „wir" hätten den Weltkrieg verloren. Und hier nimmt das deutsche Staatsoberhaupt die Schlacht bei Liegnitz in den Blick, als ein deutsch-polnisches Ritterheer von den Mongolen bis auf den letzten Mann vernichtet wurde.

Nun bemühen Präsidenten beziehungsweise deren Redenschreiber natürlich gern historische Anekdoten. Herzog wäre es ein Leichtes gewesen, einen Bezug zur jüngeren Vergangenheit herzustellen. Doch er wählte nicht nur ein gewiss markantes historisches Ereignis von vor 800 Jahren, sondern stellt auch noch heute eine Identifikation mit den Kämpfern von einst her.

Noch weiter zurück ging Bundeskanzlerin Angela Merkel, die eigentlich für längere historische Rückblicke, gar Pathos, nicht bekannt ist, als sie am 15. Mai 2009, also vor etwas mehr als einer Dekade und im Jahr 20 der friedlichen Revolution von 1989 an einem berühmtem Ort eine Rede zur Eröffnung der Ausstellung „Imperium Konflikt Mythos. 2000 Jahre Varusschlacht" in Kalkriese hielt. Anwesend waren auch der Präsident des Europäischen Parlaments, Hans-Gert Pöttering, sowie die Ministerpräsidenten Christian Wulff und Jürgen Rüttgers.

Die Ausstellung sei „außergewöhnlich", so die Bundeskanzlerin, weil „sie nicht, wie wir das in diesen Tagen oft tun, an 60 Jahre Bundesrepublik oder sogar nur an 20 Jahre Mauerfall erinnert, sondern weil das Ereignis, an das wir denken, 2000 Jahre zurückliegt. Aber je länger es zurückliegt, umso größer ist vielleicht die Faszination eines solchen Ereignisses wie die Varusschlacht. Sie ist Gegenstand wissenschaftlicher Forschung, von Bildung und von Identität."

Das „Wunderschöne" sei, dass sie die Gedanken der Menschen in einem umfassenden Ausmaß beschäftigt, meinte die Kanzlerin. „Hier in Kalkriese soll an den tödlichen Hinterhalt des Cheruskerfürsten Arminius erinnert werden." Die Ausstellung gehe der Frage nach, warum bei den Germanen, die eigentlich die Sieger waren, keine Ruhe einkehrte, warum sie weiterhin permanent Krieg führten. Es sei schon oft darauf hingewiesen worden, „dass wir heute glücklicherweise in einer friedlichen Zeit leben. Allerdings haben wir das als Germanen eben auch nicht aus eigener Kraft geschafft, sondern es hat des europäischen Gedankens bedurft."

Man hätte auch sagen können, dass das ein Befreiungskampf gegen römische Fremdherrschaft war, aber ein Hinterhalt war es und ein Krieg auch. „Von den Fragen an die Geschichte klingen einige immer noch sehr aktuell. Denn die Welt vor 2000 Jahren ist zwar mit der heutigen kaum zu vergleichen, aber Kriege gehören eben immer noch zum Alltag." Dann schlägt die Kanzlerin den Bogen nach Europa: „Mit Sicherheit" werde die Varusschlacht „auch im Haus der Europäischen Geschichte ihren angemessenen Platz finden." Dies sei „ein spannender Teil europäischer Geschichte. Für uns ist es einer, der bei allem Leid der Schlacht ein erfolgreicher war. Man kann sich nicht ausdenken, was sonst gewesen wäre und wie die Germanen sich weiterentwickelt hätten. So sind wir froh, heute in einem friedlichen Europa zu leben und trotzdem am Ort dieser Schlacht zu sein."

Am Ort der Schlacht. Auch der französische Präsident ging – wenn wir den Blick einmal kurz über die Grenze schweifen lassen – im Angesicht der Corona-Krise zurück in die Geschichte. Nicht ganz so weit wie die Varusschlacht, aber immerhin bis zum deutsch-französischen Krieg von 1870/71, der mit der Gründung des Deutschen Reiches und der Krönung des Kaisers im Spiegelsaal von Versailles endete.

Emmanuel Macron hatte, wie Michaela Wiegel in der F.A.Z. vom 12. 6. 2020 schrieb, zur Analyse des politischen Debakels der Corona-Krise eine Buchempfehlung parat: Mit der Niederlage in der Schlacht bei Sedan entstand vor 150 Jahren ein Deutschland-Komplex unter französischen Intellektuellen, den der Literaturhistoriker Claude Digeon in seiner Doktorarbeit „die deutsche Krise des französischen Denkens" nannte. Die Arbeit erschien schon 1959 als Buch und ist nun von der Historikerin Mona Ozouf neu entdeckt worden, weil sie Fragen aufwerfe, „die wir uns noch immer stellen". Das französische Überlegenheitsgefühl wich demnach nach dem verlorenen Krieg 1870/71 schlagartig einer tiefen Verunsicherung und einer geradezu obsessiven Beschäftigung mit Deutschland. Ozouf spricht von einer „profunden intellektuellen Verletzung". Sie erinnert an die Fassungslosigkeit über den Abstieg, der innerhalb weniger Wochen besiegelt war. Die Niederlage wurde nicht nur als militärische empfunden, schmerzhafter noch wurde der Sieg der deutschen Wissenschaft und Technik wahrgenommen. Im Elysée-Palast verweist man dieser Tage gern auf Digeons Buch, um die Katastrophenstimmung in der abflauenden Epidemie zu erläutern.

Die Parallele zur aktuellen französischen Befindlichkeit drängt sich laut Wiegel auf. Fast täglich machen Philosophen, Politiker und Publizisten den Niedergang Frankreichs am Vergleich zu Deutschland fest. „Wir spielen nicht mehr am Hof der Großen mit", klagte der Philosoph Marcel Gauchet. „Wir sind nicht mehr in einer Liga mit Deutschland. Die Verwundbarkeit unseres Wirtschaftssystems hat sich auf deutliche Weise offenbart, während sich die industriellen Weichenstellungen Deutschlands ausgezahlt haben". Während der Corona-Krise habe der französische Staat sein schlimmstes Antlitz bürokratischer Kleinlichkeit und autoritärer Pingeligkeit gezeigt, ohne effizient zu sein.

Der Philosophieprofessor und Europaabgeordnete François-Xavier Bellamy, Nachwuchstalent der rechtsbürgerlichen Partei Les Républicains (LR), spricht vom Ende der Illusionen. Er habe geglaubt, dass die gute Haushaltsführung in Berlin auf Kosten des Gesundheitssystems gehe, während Frankreich sich „das beste Gesundheitssystem der Welt" viel kosten lasse. Jetzt zeige sich, dass dies ein Irrglaube gewesen sei. Die zentralstaatliche Organisation mit dem Präsidenten als allwissendem Regenten rückt demnach in den Mittelpunkt der Kritik. Der jakobinische Staat, der von den Schulen bis zum öffentlichen Nahverkehr alles zentral verwalten wolle, sei ausgebrannt.

Kurz davor erst war in der französischen Öffentlichkeit das „Trauma von 1940" stark debattiert worden. Die Schwächen des französischen Gesundheitswesens, aber auch der staatlichen Organisationsstrukturen sind gerade im Vergleich mit Deutschland vielen Franzosen bewusst geworden. Der Schock über die größeren gesundheitlichen und wirtschaftlichen Schäden der Pandemie in Frankreich saß tief. Bemerkenswerterweise wurden schon (oder noch) im Mai 2020 Parallelen zum Einmarsch deutscher Truppen 1940 gezogen, gegen den sich das Land mit der Befestigungslinie Maginot damals gewappnet fühlte. Von einer „seltsamen Niederlage" sprach der Historiker Marc Bloch; Frankreich sei nicht nur militärisch zusammengebrochen, sondern habe sich auch intellektuell und politisch selbst aufgegeben. Macron warnte dagegen vor „Fatalismus". Doch allein die weit in die Vergangenheit reichenden Kriegsvergleiche aus Anlass einer weltweiten Pandemie, in der das Nachbarland offenbar besser aufgestellt ist, zeigen, wie sehr die Historie vor aller öffentlichen Augen steht und die Debatte beeinflusst.

Nach alldem ist eine kleine Meldung des Deutschen Bundestages umso bemerkenswerter: Je 50 Abgeordneten von Bundestag und Assemblée nationale (Nationalversammlung, das Unterhaus des französischen Parlaments) hatten sich am 28. Mai 2020, in einer Video-Sondersitzung der gemeinsamen Parlamentarischen Versammlung getroffen, um die aktuelle Situation beider Länder in der Covid-19-Pandemie zu beraten.

Am Ende der Sitzung kündigte der französische Parlamentspräsident Richard Ferrand das alle vier Jahre vorgesehene große Treffen von Bundestag und Assemblée nationale für 18. Januar 2021 in Versailles an. Man stelle sich allein die Idee vor: 150 Jahre Deutsches Reich werden an dessen Geburtsstätte, im Spiegelsaal des Prunkschlosses des damals gedemütigten Gegners, gefeiert.

Merkel ging in ihrer Rede zur Varusschlacht, wie gesehen, noch viel weiter zurück. Es wird freilich nicht ganz klar, wie sich die Germanen sonst weiterentwickelt hätten. Aber jedenfalls sieht Merkel offenbar eine direkte Linie in die Gegenwart, wenn sie von „Wir als Germanen" spricht, von der großen Faszination jener Schlacht und von „Identität".

EIN FLICKENTEPPICH, DER NICHT KAPUTTZUKRIEGEN IST

Aber was macht sie aus, diese in Merkels Rede zur Varusschlacht angesprochene Identität? Krieg und Kleinstaaterei? Damit liegt man nicht falsch. Der auch heute noch bei jeder Gelegenheit zu hörende Fluch über den „Flickenteppich" – von Schulregelungen bis zu Anti-Corona-Maßnahmen – hat tiefe Gründe. Die (Klein-)Staaterei hat mit der Gründung des Deutschen Reiches nicht aufgehört – denn das Reich war genau das: Die Majestäten von Preußen, Bayern und so weiter schlossen 1871 einen „ewigen Bund" mit Namen „Deutsches Reich" zum Schutze des Bundesgebietes und zur Pflege der Wohlfahrt des deutschen Volkes. Und das Bundesgebiet bestand laut Reichsverfassung aus „Staaten" – von Preußen bis Hamburg.

Dieses Reich organisierte sich 1919 neu. Die Majestäten hatten abgedankt und das „Deutsche Volk, einig in seinen Stämmen und von dem Willen beseelt, sein Reich in Freiheit und Gerechtigkeit zu erneuern und zu festigen, dem inneren und dem äußeren Frieden zu dienen und den gesellschaftlichen Fortschritt zu fördern, hat sich diese Verfassung gegeben." Das Reich benannte sich nicht um, stellte aber im ersten Artikel seiner neuen Verfassung fest: „Das Deutsche Reich ist eine Republik."

Und 1945? Das Land lag nach dem Zweiten Weltkrieg völlig danieder. Es war eine Niederlage, von der der Schriftsteller Ernst Jünger damals meinte, man erhole sich von ihr nicht.

Aber das Deutsche Reich ging nicht unter. Die Wehrmacht kapitulierte, und die Alliierten übernahmen die oberste Gewalt in Deutschland – aber wollten zugleich, dass das Land fortbestand. So machten sie in der „Berliner Erklärung" vom 5. Juni 1945 deutlich, dass sie keine Annexion Deutschlands beabsichtigten. Auch durch die Verhaftung des testamentarisch als Staatsoberhaupt eingesetzten Hitler-Nachfolgers Dönitz war die deutsche Staatsgewalt nur vorübergehend außer Kraft gesetzt. Im Potsdamer Abkommen vom 2. August 1945 werden Reparationen gefordert, und es ist von einer noch mit Deutschland zu treffenden friedensvertraglichen Regelung die Rede. Doch dazu kam es vorerst nicht. Mit der Gründung von Bundesrepublik Deutschland und DDR 1949 wurden deutsche (Teil-)Staaten gegründet, doch behielten die Siegermächte ihre Sonderrechte „in bezug auf Berlin und auf Deutschland als Ganzes".

So beendete etwa der „Vertrag über die Beziehungen zwischen der Bundesrepublik Deutschland und den Drei Mächten" von 1955 für die Bundesrepublik das Besatzungsregime. Aber die Alliierten sicherten sich Vorbehaltsrechte mit Blick auf eine Wiedervereinigung des Landes und auf einen Friedensvertrag zu. Die

Sowjetunion und die DDR schlossen einen ähnlichen Vertrag. Deutschland zerfiel somit rechtlich nicht in zwei Staaten, sondern bestand fort – gleichsam zusammengehalten von den Rechten der Alliierten.

Das wurde auch in den Ostverträgen anerkannt und später vom Bundesverfassungsgericht bestätigt: Die Karlsruher Richter entschieden, die Bundesrepublik sei „als Staat identisch mit dem Staat ‚Deutsches Reich‘, – in Bezug auf seine räumliche Ausdehnung allerdings ‚teilidentisch‘“. Es bestand zudem zunächst ein Konsens in der alten Bundesrepublik, dass dieses fortbestehende, neu organisierte Deutschland nicht nur aus der Bundesrepublik und der DDR bestand. Nur zur vorläufigen Verwaltung waren nach dem Potsdamer Abkommen die Gebiete jenseits von Oder und Neiße an Polen und an die Sowjetunion gefallen, die bis dahin unbestritten zum deutschen Staatsgebiet gehörten. Die endgültige Festlegung der polnischen Westgrenze sollte demnach einer friedensvertraglichen Regelung vorbehalten bleiben.

Mit dem Zwei-plus-vier-Vertrag kam es 1990 dann zu jener „abschließenden“ Regelung in Bezug auf Deutschland als Ganzes, die kurz nach dem Ende des Zweiten Weltkriegs nicht möglich war.

Dieser Fortbestand Deutschlands bedeutet, dass dieses Land zwar teilidentisch mit dem Deutschen Reich ist. Es heißt aber nicht mehr so. Und vor allem: Dass das Deutsche Reich 1945 rechtlich nicht unterging, ändert nichts an der Legitimität des heutigen Deutschland und seiner Rechtsakte. Der Fortbestand Deutschlands ist kein Freibrief für „Widerstand“ gegen den demokratischen Staat.

WIEDERVEREINIGUNG

ES MUSSTE SO KOMMEN

Musste es so kommen? Das sagt sich heute natürlich leicht. Geschichte vom Ende her gedacht. Aber man erinnere sich: Die Vollendung der deutschen Einheit war Staatsziel der Bundesrepublik Deutschland. Sie war als Provisorium gegründet, und wurde nach dem Krieg auch allgemein so empfunden. Die alte Präambel des Grundgesetzes lautete: „Im Bewusstsein seiner Verantwortung vor Gott und den Menschen, von dem Willen beseelt, seine nationale und staatliche Einheit zu wahren und als gleichberechtigtes Glied in einem vereinten Europa dem Frieden der Welt zu dienen, hat das Deutsche Volk …, um dem staatlichen Leben für eine Übergangszeit eine neue Ordnung zu geben, kraft seiner verfassungsgebenden Gewalt dieses Grundgesetz der Bundesrepublik Deutschland beschlossen. Es hat auch für jene Deutschen gehandelt, denen mitzuwirken versagt war. Das gesamte Deutsche Volk bleibt aufgefordert, in freier Selbstbestimmung die Einheit und Freiheit Deutschlands zu vollenden."

In diesen wenigen pathetischen (und, wie sich zeigen sollte, prophetischen) Sätzen steckt viel: ein Gottesbezug. Die Wahrung der Einheit, die man also als gar nicht aufgegeben empfand, es ging schließlich um einen Übergang, das Ziel eines vereinten Europa gleichberechtigter Völker und das Ziel, dem Frieden zu dienen, und die Anmaßung, wenn man so will, einer Stellvertretung für alle Deutschen, weil man sich als der freie Teil Deutschlands sah. Und schließlich die Aufforderung an das ganze Volk, Einheit und Freiheit zu vollenden.

Diese Aufforderung der Präambel, die keineswegs nur Verfassungslyrik, sondern Auftrag für alle staatlichen Organe war, geriet im Zuge der sich verfestigenden Fronten des Kalten Krieges in

Vergessenheit. So kam es, dass Willy Brandt, später eine wieder hervorgeholte Ikone der Wiedervereinigung, von der deutschen Einheit als „Lebenslüge des deutschen Volkes" sprach. Und er war bei weitem nicht der einzige.

Wenn es nach der Mehrheit gegangen wäre, wäre wohl die DDR als eigenständiger Staat wie jeder andere anerkannt worden. Sie war ja auch ein Staat, verfügte über Staatsgebiet, Staatsvolk und Staatsgewalt. Und dann wurde auch noch der Grundlagenvertrag zwischen Bundesrepublik Deutschland und der Deutschen Demokratischer Republik geschlossen. Beide Staaten bekunden, dass sie „normale gutnachbarliche Beziehungen" zueinander auf der Grundlage der Gleichberechtigung „entwickeln". Sie wollen sich von den Zielen und Prinzipien leiten lassen, die in der Charta der Vereinten Nationen niedergelegt sind, insbesondere der souveränen Gleichheit aller Staaten, der Achtung der Unabhängigkeit, Selbständigkeit und territorialen Integrität, dem Selbstbestimmungsrecht, der Wahrung der Menschenrechte und der Nichtdiskriminierung. Das konnte als Anerkennung der DDR als Staat durch die Bundesrepublik gewertet werden. Die DDR wurde Mitglied der Vereinten Nationen und trat bei internationalen Sportwettkämpfen mit eigener Mannschaft an.

Wie konnte man angesichts dieser Tatsachen noch das Wiedervereinigungsgebot aufrechterhalten? Einen maßgeblichen Anteil daran, dass der Verfassungsauftrag der staatlichen Einheit kein totes Recht blieb, hatte die bayerische Staatsregierung, die diese Frage vor das Bundesverfassungsgericht brachte – und natürlich das Gericht selbst. Von den „acht Arschlöchern" in Karlsruhe sprach mancher Spitzenpolitiker in der damaligen Bundeshauptstadt Bonn. Tatsächlich formulierte der Zweite Senat 1973 Leitsätze, die wie Peitschenhiebe für alle jene Politiker und Staatsdiener wirken mussten, die die Wiedervereinigung abgeschrieben hatten. Aus dem Wiedervereinigungsgebot folgt in den Worten des Bundesverfassungsgerichts: „Kein Verfassungsorgan der Bundesrepublik Deutschland darf die Wiederherstellung der staatlichen Einheit als politisches Ziel aufgeben, alle Verfassungsorgane sind verpflichtet, in ihrer Politik auf die Erreichung dieses Zieles hinzuwirken – das schließt die Forderung ein, den Wiedervereinigungsanspruch im Inneren wachzuhalten und nach außen beharrlich zu vertreten – und alles zu unterlassen, was die Wiedervereinigung vereiteln würde." Zudem hoben die Verfassungsrichter hervor, das Grundgesetz verbiete, dass die Bundesrepublik auf einen Rechtstitel verzichte, „mittels dessen sie in Richtung auf Verwirklichung der Wiedervereinigung und der Selbstbestimmung wirken kann ...".

Das Bundesverfassungsgericht nahm auch zum alten Artikel 23 des Grundgesetzes Stellung, der später verfassungsrechtlich eine reibungslose Wiedervereinigung ermöglichte. Er lautete: „Dieses Grundgesetz gilt zunächst im Gebiete der Länder Baden, Bayern, Bremen, Groß-Berlin, Hamburg, Hessen, Niedersachsen, Nordrhein-Westfalen, Rheinland-Pfalz, Schleswig-Holstein, Württemberg-Baden und Württemberg-Hohenzollern. In anderen Teilen Deutschlands ist es nach deren Beitritt in Kraft zu setzen." Die Karlsruher Richter urteilten dazu 1973, diese Vorschrift der Verfassung verbiete, dass sich die Bundesregierung vertraglich in eine Abhängigkeit begebe, nach der sie rechtlich nicht mehr allein, sondern nur noch im Einverständnis mit dem Vertragspartner die Aufnahme anderer Teile Deutschlands verwirklichen könne. Und das Bundesverfassungsgericht stellte klar: Deutscher Staatsangehöriger im Sinne des Grundgesetzes ist nicht nur der Bürger der Bundesrepublik Deutschland. Jeder Deutsche habe, wann immer er in den Schutzbereich der staatlichen Ordnung der Bundesrepublik gelangt, einen Anspruch auf den vollen Schutz der Gerichte der Bundesrepublik und alle Garantien des Grundgesetzes.

Das war ein Paukenschlag und eine eindrucksvolle Bestätigung des Auftrags der Präambel von 1949. Doch auch dieses Karlsruher Urteil änderte nichts an der machtpolitischen Konstellation. Der Kalte Krieg war ja keineswegs vorbei, die von Atommächten bewachte Grenze, die Deutschland und die Welt durchzog, wurde – im Gegenteil – noch undurchlässiger.

Umso bemerkenswerter, dass noch 1987, zwar nach dem Beginn von Glasnost und Perestroika durch Michael Gorbatschow, aber zu einer Zeit, zu der wohl noch weniger Deutsche an die Einheit glaubten, das Bundesverfassungsgericht abermals feststellte: Das Gebot der Wahrung der Einheit der deutschen Staatsangehörigkeit sei eine Konkretisierung des im Grundgesetz enthaltenen Wiedervereinigungsgebots. Und: Erst wenn eine Trennung der Deutschen Demokratischen Republik von Deutschland „durch eine freie Ausübung des Selbstbestimmungsrechts besiegelt wäre", ließe sich die in der DDR ausgeübte Hoheitsgewalt aus der Sicht des Grundgesetzes „als eine von Deutschland abgelöste fremdstaatliche Gewalt qualifizieren."

Hier wird eigentlich Selbstverständliches betont – so mag man vielleicht heute sagen. Aber all jene vielen, die aus der faktischen und gefestigten Existenz der DDR schon eine Zweistaatlichkeit schließen wollten, wurden von den Karlsruher Richtern an Freiheit und Selbstbestimmungsrecht erinnert: Niemand, auch die Westdeutschen in der Bundesrepublik nicht, konnte die Deutschen in der DDR halten bzw. in einem gesamtdeutschen Staat zwingen. Für eine Abspaltung aus dem ja weiter bestehenden Deutschland brauchte es eine frei Entscheidung der Deutschen in der DDR.

Soweit die Verfassungslage der Bundesrepublik. Vergessen wird aber gern auch, dass es auch Künstler und Politiker gab, die gegen jede öffentliche Meinung stets an der Deutschen Einheit festhielten. So hatte der CDU-Bundestagsabgeordnete Bernhard Friedmann schon 1986 gefordert, die Wiedervereinigung in die Abrüstungsverhandlungen einzubeziehen. Bundeskanzler Helmut

Kohl sprach damals noch nicht von „blühenden Landschaften", sondern von „blühendem Unsinn". Friedmann hatte den Harmel-Bericht des gleichnamigen belgischen Außenministers zur Lage der Nato von 1967 in Erinnerung gerufen, der eine Entspannung in Europa an die Überwindung der Teilung Deutschlands geknüpft hatte. Und im Leitartikel der Frankfurter Allgemeinen Zeitung vom 9. März 1989 kritisierte Herausgeber Johann Georg Reißmüller einen Satz von Helmut Kohl, wonach die deutsche Einheit nicht auf der Tagesordnung der Weltgeschichte stehe: „Könnte man nicht vielleicht wie auf jede Tagesordnung, so auch auf die der Weltgeschichte etwas schreiben?" Und am Ende: Man solle niemandem einreden wollen, es sei schon ein gefährlicher deutscher Sonderweg, dass die Deutschen „in ihrer Mehrheit die widernatürliche Besonderheit loswerden wollen, die einzige mittendurch gespaltene Nation in Europa zu sein".

Und das ist die Lehre, 30 Jahre nach der Wiedervereinigung: Auf Dauer lässt sich Freiheit nicht unterdrücken. Auf Dauer lässt sich nicht trennen, was zusammengehört. Das wird dereinst auch für das immer noch geteilte Korea gelten – diese Zuversicht muss jeder haben, der an die Kraft der Freiheit glaubt und die Geschichte kennt.

Jede Fahrt in die DDR war zudem wie eine Zeitreise – Jahrzehnte zurück, was etwa den technischen Standard anging. Alles grau. Nina Hagens berühmtes Lied war eigentlich die inoffizielle Hymne der DDR: „Du hast den Farbfilm vergessen." Und grau herrschte nicht nur als Farbe. Es war auch eine Reise in eine Welt der Unterdrückung und der Vorsicht. Auch jeder, der nur am Bahnhof Friedrichstraße, dem „Tränenpalast", seine Papiere vorlegte, bekam einen Eindruck von der Diktatur. Noch im Oktober 1989 machten Reserveoffiziersanwärter der Bundeswehr von der Offiziersschule des Heeres in Hannover (heute: Dresden) aus einen Ausflug an die innerdeutsche Grenze. In Zivil, das war Usus, offenbar um das nicht wie eine Provokation erscheinen zu lassen. Noch vor der befestigten Grenze trafen sie auf zwei Aufklärer der DDR-Grenztruppen. Man stand sich mit ein paar Metern Abstand gegenüber. Deutsche Soldaten, die rauchten und einander beobachteten. Es entwickelte sich zwar kein Gespräch; aber auch hier war die Lage so surreal, dass klar war: Das kann nicht lange halten.

Es musste so kommen? Ja – das ist keine nachträgliche Besserwisserei. Ich habe das schon als Schüler vertreten und wurde dafür sogar von Lehrern belächelt. Einmal verabschiedeten wir uns unter Tränen von den Verwandten in Wittenberge. Und ich sagte: „Bald ist die Mauer weg". Das war 1986. Das war natürlich keine Vorhersehung, sondern ein Wunsch. Aber in dem Wissen der tieftraurigen Realität, aber eben auch Surrealität der deutschen Teilung. Ich sagte das in dem Gefühl, dass so eine Grenze keinen Bestand haben könne.

EIN LAND OHNE FRIEDENSVERTRAG?

Nein, so ist es nicht. Man hört es immer wieder, aber dadurch wird es nicht wahr. Deutschland hat einen Friedensvertrag, er heißt nur nicht so. Der „Vertrag über die abschließende Regelung in bezug auf Deutschland" beendete gleichsam den Zweiten Weltkrieg. Zwar schwiegen schon seit Jahrzehnten die Waffen. Aber, wie der Name schon sagt: Es war noch etwas offen geblieben: die deutsche Frage. Sie schloss der Zwei-plus-vier-Vertrag ab.

Wie genau? Der „Deutschlandvertrag" von 1955 beendete für die Bundesrepublik Deutschland zwar formell das Besatzungsregime und gab ihr die „volle Macht eines souveränen Staates über ihre inneren und äußeren Angelegenheiten". Doch war das nur die halbe Wahrheit. Denn die Alliierten hielten fest an den von ihnen bisher ausgeübten „Rechten und Verantwortlichkeiten in bezug auf Berlin und Deutschland als Ganzes einschließlich der Wiedervereinigung Deutschlands und einer friedensvertraglichen Regelung". Die Rechte der Alliierten in Bezug auf Deutschland als Ganzes sicherten damit wie eine Klammer den Fortbestand Deutschlands.

An diese Sonderrechte knüpfte der Zwei-plus-vier-Vertrag an. Schon am 11. Dezember 1989 hatten sich die Botschafter der vier Mächte in West-Berlin erstmals seit 18 Jahren getroffen. Als Bundeskanzler Helmut Kohl im Januar 1990 davon erfuhr, dass die Sowjetunion angesichts der geplanten Vertragsgemeinschaft zwischen den beiden deutschen Staaten den Amerikanern ein Vier-Mächte-Treffen vorgeschlagen hatte, äußerte er: „Wir brauchen keine vier Hebammen." Er verlangte eine enge Abstimmung mit den Deutschen, schließlich gehe es um deren Selbstbestimmungsrecht. Aber ohne diese Hebammen ging es nicht. Allerdings hatte etwa die britische Premierministerin Thatcher in einem Telefonat mit Bush deutlich gemacht, dass Deutschland das Japan Europas sei, nur schlimmer als Japan. Und: Die Deutschen würden nun im Frieden das erhalten, was Hitler im Krieg nicht bekommen habe.

Der Zwei-plus-vier-Vertrag war in jedem Fall, auch wenn er nicht so heißt, jene friedensvertragliche Regelung, bis zu der die alliierten Vorbehaltsrechte gelten sollten. Dass auch eine „abschließende Regelung" Fragen offenlässt, erstaunt nicht. Das Zeitfenster für die Wiedervereinigung war klein, aber der Preis für die schnelle Einheit war nicht gering.

Immerhin gingen viele Jahre nicht nur alle wesentlichen deutschen Parteien und das Bundesverfassungsgericht, sondern auch zumindest die West-Alliierten davon aus, dass die lange Zeit unzweifelhaft zu Deutschland gehörenden Gebiete jenseits von Oder und Neiße nach dem Zusammenbruch von 1945 nur (zeitweise) unter polnische beziehungsweise sowjetische Verwaltung gefallen waren. Einem Memorandum des britischen Außenministeriums vom März 1990 ist eine Karte von Deutschland in den Grenzen von 1937 beigefügt („Zones of Occupation"). Die Gebiete östlich von Oder und Neiße sind als „under Polish administration" beziehungsweise „under Soviet administration" markiert. So wie auch noch in westdeutschen (Schul-)Atlanten von „Unter polnischer Verwaltung" die Rede war. Das alles kam noch einmal hoch, als im Bundestag über den deutsch-polnischen Grenzvertrag abgestimmt wurde. 18 Abgeordnete stimmten dagegen, zehn enthielten sich.

Ein Grund waren offenbar widersprüchliche Angaben der Bundesregierung: Zum einen hieß es, der endgültige Verzicht auf die Oder-Neiße-Gebiete sei *Conditio sine qua non* für die Vereinigung von Bundesrepublik und DDR gewesen. Zum anderen wurde gesagt, es sei keinerlei Druck ausgeübt worden, was wiederum mancher nicht glaubte. Ein Parlamentarier fragte gar, ob nicht die Gefahr bestehe, „dass eine derartige, auf Druck von außen zustande gekommene Grenzanerkennungserklärung als ‚Super-Versailles' wieder auf Jahrzehnte die europäische Politik belasten könnte".

So ist es nicht gekommen. Die endgültige Anerkennung der Oder-Neiße-Grenze war jedoch verbunden mit einem Gebietsverlust, der freilich politisch schon lange Wirklichkeit war. Angesichts einer allgemeinen Tendenz, den Einzelnen an Gebietswechseln und auch sonst an der Willensbildung zu beteiligen, war allerdings die Art und Weise des Wechsels der territorialen Souveränität über die Gebiete jenseits von Oder und Neiße bemerkenswert. Die Menschen wurden nicht gefragt, weder Vertriebene noch die Wohnbevölkerung. Politisch war das sehr verständlich, faktisch gehörten die Gebiete schließlich seit Jahrzehnten zu Polen.

Und es gab auch keine völkerrechtliche Pflicht, bei einem Wechsel der territorialen Souveränität über ein Gebiet dessen Bewohner dazu zu befragen. Doch war die erst mit dem Zwei-plus-vier-

Vertrag besiegelte Abtrennung der Oder-Neiße-Gebiete verknüpft mit der gewaltsamen Vertreibung von Millionen von Deutschen aus ihrer Heimat – auf die es ein Recht gibt. Das ändert jedoch nichts an der Gültigkeit der Regelung.

Zum Einigungsprozess, darauf achtete insbesondere der Manager der Einheit Wolfgang Schäuble, gehörte es auch, den (Beitritts-) Artikel 23 des Grundgesetzes zu streichen. Denn die Formulierung „In anderen Teilen Deutschlands ist es [das Grundgesetz, R.M.] nach deren Beitritt in Kraft zu setzen" barg immensen Sprengstoff. Als die DSU (Deutsche Soziale Union) während des Einigungsprozesses in der Volkskammer den sofortigen Beitritt zur Bundesrepublik beantragte, hatten die Beteiligten Mühe, das für den Augenblick abzuwehren und zu vertagen. Denn der Beitritt „anderer Teile" Deutschlands setzte, auch nach Auffassung der damaligen Bundesregierung keinen Vertrag oder eine Willenserklärung der Bundesrepublik voraus. Man stelle sich vor, und dieses Beispiel gebrauchten Teilnehmer der Verhandlungen, Königsberg hätte seinen Beitritt erklärt.

Heute ist Artikel 23 der Europartikel des Grundgesetzes. Das passt – denn nunmehr geht es darum, inwieweit Deutschland Kompetenzen auf die Europäische Union übertragen kann und dass Deutschland nur Mitglied einer demokratischen und rechtstaatlichen Union sein darf.

Jedenfalls hatten die maßgeblichen Beteiligten der Einigungsverhandlungen ein Gefühl für die besondere historische Lage. Warum sonst wäre, abgesehen vom Grenzvertrag, ein deutsch-polnischer (und auch ein deutsch-russischer) Nachbarschaftsvertrag geschlossen worden? Erstmalig wird die Existenz einer deutschen Minderheit erwähnt und damit anerkannt. Es hat sich allerdings anfangs als schwierig erwiesen, auch nur zweisprachige Ortsschilder zuzulassen – obwohl Polen das damals zumindest prüfen wollte.

Heute – 30 Jahre nach der rechtlichen Abtrennung der Ostgebiete – ist diese Wunde weitgehend geheilt. Der Bund der Vertriebenen, der schon zur Zeit der Wiedervereinigung bei weitem nicht mehr die Rolle spielt, die er einstmals innehatte, hat politisch kaum noch Bedeutung. Eine Art Petition unter seinen Mitgliedern brachte seinerzeit ein eher spärliches Ergebnis. Man zollte den Vertriebenen vielleicht noch Respekt, aber sie waren keine politisch bedeutsame Größe mehr. Aufmerksamkeit erzielte der Verband noch durch die Auseinandersetzungen über das „Zentrum gegen Vertreibungen". Schon dieser Name macht deutlich, dass sich der Blick gewandelt hat. Die Durchsetzung eines Rechts auf die Heimat spielt heute in der deutschen Politik keine Rolle mehr. Schließlich kann die alte Heimat seit langem besucht werden; es gilt die europäische Niederlassungsfreiheit – die freilich nicht identisch mit einem Recht auf die Heimat ist. Dass niemand mit Gewalt aus seiner Heimat vertrieben werden darf, sollte eine Selbstverständlichkeit sein. Und das von den Vereinten Nationen anerkannte Rückkehrrecht der Palästinenser, auf das sich die deutschen Vertriebenen früher berufen haben, spielt weiterhin eine Rolle im Nahost-Konflikt – wenn auch nicht unbedingt eine befriedende.

Dabei bleiben die Erfahrungen der Vertriebenen wertvoll – und das Erbe des alten Ostdeutschland, das mittlerweile auch in Polen und Russland gepflegt wird, kann auch das heutige Deutschland kaum ausschlagen.

BAUERNLAND IN JUNKERHAND

Zu den unbewältigten Folgen der deutschen Teilung gehört noch heute die sogenannte Bodenreform. In den Festreden werden die Enteignungen in der Sowjetischen Besatzungszone (SBZ) zwischen 1945 und 1949 in aller Regel ausgespart. Da steht das positive große Ganze im Vordergrund, zudem stehen diese Verbrechen im Schatten noch größerer Verluste, nämlich der mit der Wiedervereinigung besiegelten Abtrennung der deutschen Gebiete jenseits von Oder und Neiße. Doch wirken die Vertreibungen und Enteignungen in der SBZ fort – Land liegt brach, befindet sich mehr oder weniger genutzt in Staatshand, oder wenige Private besitzen sehr viel.

So hatten es sich die Kommunisten wohl nicht vorgestellt – oder einige vielleicht doch: rote Barone herrschen über Junkerland? Es war keineswegs so, dass etwa nur nationalsozialistische Verbrecher oder alter Adel enteignet wurden. Nein, die Grenze waren hundert Hektar. Wer mehr hatte, wurde enteignet – aber auch das ist nur ein kleiner Teil der Wahrheit. Der „Klassenfeind" sollte ausgemerzt werden. Nicht selten wurden die Eigentümer erschossen, die Familien gequält und vertrieben. Mancher nahm sich aus Verzweiflung das Leben.

Natürlich: Auch die Bodenreform war ein Kind ihrer Zeit. Man kann durchaus Verständnis für einen demokratischen Neubeginn haben, der überkommene Machtstrukturen aufbricht und eine neue Verteilung des Landes anstrebt. Aber es ist traurig und bezeichnend, dass noch heute, nicht zuletzt durch die verharmlosende Bezeichnung „Bodenreform" der Eindruck einer gleichsam rechtsstaatlichen Enteignung erweckt wird.

Die Enteignung und Entrechtung war von Stalin gewollt. Die KPD versuchte dann, die Landbevölkerung in der sowjetischen Besatzungszone von der sogenannten Bodenreform zu überzeugen. Auf Jubel stieß das nicht. Die Bauern, denen etwas Land versprochen worden war, ließen sich nicht einfach kaufen. Aber sie hatten nicht das Sagen. „Junkerland in Bauernhand" war lediglich die – freilich bis heute nachwirkende – Parole. Tausende Großbauern und Gutsbesitzer wurden in kurzer Frist enteignet und vertrieben.

Mehr als 11.000 Landwirte wurden in der SBZ enteignet, bevor 1949 die DDR gegründet wurde. Insgesamt sind in diesen vier Jahren 35 Prozent des land- und forstwirtschaftlichen Bodens neu verteilt worden. Gut ein Drittel der Enteigneten, etwas mehr als 4.000, waren Landwirte mit weniger als hundert Hektar Fläche, die von den lokalen KPD-Leitern oder Sowjet-Kommandanten als „Nazis und Kriegsverbrecher" bezichtigt wurden. Natürlich traf die Enteignung auch Verbrecher – aber rechtsstaatliche Verfahren gab es nicht.

Die vielen Tausend Neubauern, die jeweils nur wenige Hektar Land zu eigenen Bewirtschaftung erhielten, wurden nach und nach in die LPGs gedrängt. Noch vor dem Bau der Mauer im Jahr 1961 flohen mehr als zwei Millionen Bürger der DDR in den Westen. Von diesem Aderlass an Leistungsträgern, verbunden mit den erdrückenden Reparationsleistungen und der Zwangskollektivierung erholte sich die DDR nicht.

Aber auch die Hoffnung der alten Eigentümer, ihr Land nach der Wiedervereinigung zurückzuerhalten, erfüllte sich nicht. Im Zusammenhang mit der Unterzeichnung des Zwei-plus-vier-Vertrages sandten die beiden deutschen Außenminister einen gemeinsamen Brief an die Außenminister der Alliierten. Die „Enteignungen auf besatzungsrechtlicher bzw. besatzungshoheitlicher Grundlage (1945 bis 1949)" sind demnach „nicht mehr rückgängig zu machen", heißt es darin. Das Bundesverfassungsgericht entschied, der Staat des Grundgesetzes sei grundsätzlich verpflichtet, bei Völkerrechtsverletzungen nach Maßgabe seiner Verantwortung und im Rahmen seiner Handlungsmöglichkeiten einen Zustand näher am Völkerrecht herbeizuführen. Daraus folge jedoch „keine Pflicht zur Rückgabe des in dem Zeitraum von 1945 bis 1949 außerhalb des staatlichen Verantwortungsbereichs entschädigungslos entzogenen Eigentums". Keine Pflicht also. Nur wer nach 1949 enteignet wurde, enthielt sein Eigentum zurück. Das schließt freilich nicht aus, dass die Bundesregierung Land zurückgibt oder bessere Bedingungen für frühere Eigentümer und deren Erben schafft. Bis heute wird freilich bestritten, dass die Unumkehrbarkeit der Enteignungen eine Bedingung der Wiedervereinigung war. Vor dem Bundesverfassungsgericht hat die Bundesregierung später vorgetragen, die Sowjetunion hätte der Wiedervereinigung ohne diesen sogenannten Restitutionsausschluss nicht zugestimmt. Andere haben dem später widersprochen, darunter sogar Gorbatschow. Doch die Sache ist rechtlich entschieden – das Bundesverfassungsgericht und der Europäische Gerichtshof für Menschenrechte haben abschließend geurteilt.

Der Botschafter und damalige Redaktionsleiter der Zwei-plus-vier-Verhandlungen, Martin Ney, hat sich 2015 in der „Zeitschrift für ausländisches öffentliches Recht und Völkerrecht" zu den Verhandlungen geäußert. Interessant ist zum einen die Schilderung, wie der Zwei-plus-vier-Prozess vom Bundesverfassungsgericht ferngehalten werden sollte. Die einzige Möglichkeit, den Zwei-plus-vier-Vertrag „verfassungsrechtlich unangreifbar" zu machen, sei gewesen, sicherzustellen, dass das Wiedervereinigungsgebot des Grundgesetzes nicht mehr Prüfungsmaßstab sein würde – denn das bezog sich auch auf die Ostgebiete. „Wir sorgten daher dafür", so Ney, „dass das Wiedervereinigungsgebot durch das Zustimmungsgesetz zum Einigungsvertrag schon vorher vollständig aus dem Grundgesetz herausgenommen wurde."

Die Bodenreform zählt Ney zu den Fragen, „die wir aus dem 2+4-Vertrag heraushalten wollten". So habe die sowjetische Regierung, aber auch die Regierung der DDR „hohen Wert" darauf gelegt, dass jene Enteignungen nicht mehr rückgängig gemacht würden. Das habe man nicht zum Gegenstand des Zwei-plus-vier-Vertrages machen wollen, „weil sie eine souveräne Entscheidung des vereinten Deutschlands darstellen würden". Der ehemalige Botschafter Christian Pauls, damals Mitarbeiter im Arbeitsstab

2+4 des Auswärtigen Amtes, sagt, schon vor dem Beginn der Verhandlungen sei klar gewesen, dass Sowjetunion und DDR der Ansicht waren, die Enteignungen dürften nicht rückgängig gemacht werden. Pauls erinnert sich aber auch, dass zu keiner Zeit auch nur der Versuch unternommen worden sei, die Sowjetunion dazu zu bringen, ihre Haltung zu ändern. Er hält es für verständlich, dass die DDR-Regierung damals keinen Unfrieden wollte, ruft aber auch ins Gedächtnis, dass die Enteigneten in der Bundesrepublik keine Lobby hatten. Zudem seien die früher volkseigenen Güter „willkommenes Geld" gewesen, wie Pauls der F.A.Z. sagte. Er wundert sich, dass das Verfassungsgericht kein Wort über den Rechtsstatus des gemeinsamen Briefs verlor. Pauls hält ihn für „rechtlich unverbindlich". Die Haltung der Sowjetunion habe letztlich keine entscheidende Rolle gespielt; über die Bodenreform sei nicht verhandelt worden; und von dem vom Verfassungsgericht hervorgehobenen Ermessensspielraum habe die Bundesregierung überhaupt keinen Gebrauch gemacht. Das Aufrechterhalten der Enteignungen sei der Preis gewesen, „der im Frühjahr 1991 gezahlt werden musste, um zu der Gefahr einer für Deutschland negativen Entwicklung nicht zusätzlich beizutragen". Doch stellt er auch klar: „Es war die Bundesregierung, die dafür gesorgt hat, dass die Enteignungen Bestand haben." Aber können die Alteigentümer nicht Entschädigung verlangen? Pauls verweist auf den nicht seltenen Fall, dass solche Anträge auch zwanzig Jahre nach fristgerechter Einreichung noch nicht beschieden waren. Das sieht nach rechtsstaatswidriger Verschleppung aus und ist in der Tat ein Skandal.

Und es bestärkt diejenigen, die meinten, hier gehe es nicht mit rechten Dingen zu. Es geht schließlich nicht um eine Petitesse: Die von der DDR übernommenen Ländereien hat die Bundesrepublik nach 1990 Stück für Stück verkauft. 1,6 Millionen Hektar Äcker, Weiden und Wald waren es nach der Wiedervereinigung, eine Fläche, halb so groß wie ganz Brandenburg. Heute sind noch gut 200.000 Hektar in Staatsbesitz. Die für den Verkauf 1992 eingerichtete Bodenverwertungsgesellschaft BVVG hat im Lauf der Jahre mehr als 6 Milliarden Euro eingenommen. Die jährlichen Einnahmen aus Verpachtungen und Verkäufen betrugen etwa 260 Millionen Euro im Jahre 2018. Nicht wenige Alteigentümer und ihre Nachkommen sind verbittert. Von „Hehlerei" sprechen sie, weil der Staat „gestohlenes" Eigentum weiterverkaufe. Eine lautstarke Protestkampagne in den neunziger Jahren verpuffte jedoch. Immerhin können die Alteigentümer das heute sehr wertvolle Land zu einem vergünstigten Preis selbst zurückerwerben.

Die wahren Wendegewinner der Landwirtschaft waren in vielen Fällen aber die früheren Bosse der LPGs. Bei zahlreichen Insolvenzen und bei der Umwandlung der LPGs in GmbHs schafften sie es, die anderen „Genossen" herauszudrängen oder billig abzuspeisen und erstaunlich viel Land zu übernehmen. So sind diese „roten Barone" und ihre Nachfolger zu den neuen Herren auf dem Land im Osten geworden, wie Philipp Plickert am 30.8.2015 in der F.A.S. schrieb.

Politisch freilich ist es stets möglich gewesen und immer noch möglich, die Sache neue aufzurollen. Das ist aber bis heute nicht gewollt. Dabei hätte eine Erleichterung für die sogenannten Alteigentümer auch zu einem wirtschaftlichen Aufschwung im Osten, zum Entstehen einer – immer noch weitgehend fehlenden – Mittelschicht führen können. Denn nur wer Interesse an Grund und Boden, an Land und Leuten hat, engagiert sich wirklich. Doch auch Unvermögen und Ungeschick der (organisierten) Alteigentümer trugen zu ihrer eigenen Tragik bei. Sie betrieben eifrig Lobbyarbeit, schalteten Anzeigen, veranstalteten Symposien und griffen Regierung und Justiz heftig an – sie erreichten aber die Menschen nicht. Also jene ehemaligen DDR-Bürger, die auf oder neben der alten Scholle lebten, als auch Politik und Öffentlichkeit. Obwohl es den ehemaligen Eigentümern in der Regel nach ihrem eigenen Bekunden nicht darum ging, die „neuen" Bewohner zu vertreiben, war dieser Eindruck nicht aus der Welt zu schaffen. So erzählen Rüganer, dass ein alter Herr der Insel kurz nach der Wiedervereinigung sie per offiziell wirkenden Schreiben aufforderte, ihre Häuser, in denen sie jahrzehntelang wohnten, herauszugeben. Einige haben das getan, für einen Spottpreis.

Also ein Fall für die Erben. Und eine Erblast für das ganze Land? Es sprach ja auch einiges dafür, dieses Fass nicht aufzumachen. Heute scheint die Sache aus der Welt. Es bleibt freilich eine Leerstelle, ein Manko der Einheit, dass Ländereien leer stehen und Gebäude verfallen. Zugleich brauchen die östlichen Bundesländer mehr Eigentümer und Investoren. Auch wenn man die grundsätzliche Entscheidung der Bundesregierung zu jener Zeit durchaus nachvollziehen kann und die Frage gerichtlich zumindest beantwortet ist, so spricht doch die skandalöse Verschleppung von Verfahren durch die Vermögensämter dafür, dass das Eigentum an Grund und Boden generell nicht hoch im Kurs steht. Auch die zur Zeit der Wiedervereinigung und danach von CDU/CSU und FDP gebildete Regierung hätte, nachdem die Wiedervereinigung unter Dach und Fach war, hier etwas ändern können. Denn Enteignungen können ohnehin eigentlich nicht „rückgängig" gemacht werden. Doch die Regierung hing offenbar – bis auf ganz wenige Ausnahmen – noch einem alten Feindbild an: dem vom Junker, dessen Land in Bauernhand gehöre. Dabei ging es tatsächlich um Enteignung und Entrechtung – und oft auch Ermordung – einer Gruppe von Eigentümern ganz unterschiedlicher Herkunft.

EIN SOUVERÄNER STAAT

STAATLICHKEIT IST KEIN FETISCH

Souverän? Staat? Hat Deutschland nun wirklich die „volle Souveränität über seine inneren und äußeren Angelegenheiten", wie es der Zwei-plus-Vertrag verspricht?

Zum einen gibt es noch immer die Feindstaatenklauseln in der UN-Charta. Demnach sind „Maßnahmen" nicht untersagt, „welche die hierfür verantwortlichen Regierungen als Folge des Zweiten Weltkriegs in bezug auf einen Staat ergreifen oder genehmigen, der während dieses Krieges Feind eines Unterzeichnerstaats dieser Charta war". Auf Deutsch: Die Charta unterteilt die Welt immer noch auf der Grundlage des Zweiten Weltkriegs in Freund und Feind.

Nun kann man das mit guten Gründen längst für obsolet halten. Das sieht sogar die Vollversammlung der Vereinten Nationen so, die es schon vor Jahren für angezeigt hielt, diese „anachronistischen" Klauseln zu streichen. Doch sind die Artikel, die wie eine Ermächtigung für Zwangsmaßnahmen gegen Deutschland und Japan klingen und früher auch so verstanden wurden, weiterhin Bestandteil der Charta der Vereinten Nationen – sie sind also geltendes Recht und eine formelle Diskriminierung, wie sie andersherum auch in der Existenz der ständigen Mitglieder des UN-Sicherheitsrats zum Ausdruck kommen.

Zum anderen gibt es auch heute noch fortgeltendes Besatzungsrecht. Es handelt sich um Bestimmungen des Überleitungsvertrages aus dem Jahr 1953. In Kraft bleiben demnach alle Maßnahmen, die für „Zwecke der Reparation oder Restitution oder aufgrund des Kriegszustandes" gegen das „deutsche Auslands- oder sonstige Vermögen durchgeführt worden sind". Gegen diese Maßnahmen darf die Bundesrepublik Deutschland keine Einwendungen erheben. Klagen gegen Personen, die aufgrund solcher Maßnahmen Eigentum erworben haben, sowie Klagen gegen internationale Organisationen oder ausländische Regierungen „werden nicht zugelassen".

Dieser Klageausschluss ist im Grunde fortwirkendes Besatzungsrecht und noch heute gültig, wie sich zuletzt am Bilderstreit mit dem Fürstentum Liechtenstein vor dem Internationalen Gerichtshof gezeigt hat. Hier ging es um ein Gemälde im Eigentum des Fürsten von und zu Liechtenstein, das als deutsches Auslandsvermögenkurz nach dem Ende des Zweiten Weltkriegs unter Berufung auf ein Beneš-Dekret enteignet worden war. Das Bild gelangte nach Köln, wo das Staatsoberhaupt Liechtensteins vergeblich versuchte, es zurückzuverlangen – aber er unterlag nicht nur vor deutschen Gerichten, sondern auch vor dem Europäischen Gerichtshof für Menschenrechte in Straßburg und dem Internationalen Gerichtshof in Den Haag, und zwar wegen des Überleitungsvertrages. Früher dienten die Vorschriften dazu, Forderungen von Bürgern abzuwehren, deren konfisziertes Vermögen wieder auf dem deutschen Markt auftauchte. Der Völkerrechtler Dieter Blumenwitz, der Hans-Adam von Lichtenstein unterstützte, kam zu dem Schluss, offenbar wolle der Menschenrechtsgerichtshof, immerhin zuständig für den gesamten Europarat vom Atlantik bis Sibirien, mit dem „German post war mess" nichts zu tun haben und verkürze Gewährleistungen der Menschenrechtskonvention.

Gewiss, ein skurril anmutender Ausnahmefall, in dem ein Staatsoberhaupt viel Geld in die Hand nahm. Er führt aber auch eine rechtliche Vergangenheit vor Augen, die nicht vergehen soll. Es ist schließlich denkbar, dass es auch einmal um schweizerische oder österreichische Objekte geht, die als deutsches Vermögen beschlagnahmt wurden – und das gilt dann wegen des fortwirkenden Besatzungsrechts als sakrosankt.

Es kann freilich kein Zweifel daran bestehen, dass Deutschland – trotz der genannten rechtlichen Häkchen – vollständig souverän ist; ja es ist aufgrund seiner wirtschaftlichen Größe und konstitutionellen Robustheit tatsächlich unabhängiger als die meisten Staaten der Welt.

Gravierender ist, was sich Deutschland mit dem Zwei-plus-vier-Vertrag selbst aufgebürdet hat. Es hat sich als Vertragspartei Beschränkungen auferlegt, die sich nicht ohne Weiteres einseitig lösen lassen. Das gilt etwa für die Obergrenze der Streitkräfte von 370.000 Mann. Die werden zwar zur Zeit ohnehin nicht erreicht, aber das muss ja nicht das letzte Wort sein. Schließlich verfügte die Bundesrepublik Deutschland zuvor im Kalten Krieg (wegen der Wehrpflicht) über knapp 500.000 Soldaten. Auch darf Deutschland, wie der Zwei-plus-vier-Vertrag bekräftigte, nicht über atomare, biologische oder chemische Waffen verfügen. Angesichts gelegentlich erhobener Forderungen nach Atomwaffen für Deutschland, muss darauf hingewiesen werden: Das dürfte ohne die ehemaligen Alliierten, also auch ohne Russland, nicht zu verwirklichen sein.

Freiwillig ging Deutschland also Beschränkungen ein, um mit einer zweifellos diplomatischen Meisterleistung seine Souveränität zurückzugewinnen.

Souveränität setzt traditionell Staatlichkeit voraus. Auch der Staat war lange aus der Mode gekommen. Sind nicht die Probleme schon länger so groß, wie es gern heißt, dass sie ein einzelnes Land nicht lösen kann? Zeigt uns nicht die Globalisierung Tag für Tag, dass wir mehr Europa und mehr internationale Zusammenarbeit brauchen – und der Staat überholt ist?

Und doch hat zuletzt die Corona-Krise deutlich gemacht, dass die Menschen zuerst beim Staat Zuflucht suchen. Das demokratisch verfasste Gemeinwesen, von dem die Legitimation für supranationale Zusammenarbeit ausgeht, ist nun einmal der Staat.

Das hat man vor dreißig Jahren auch schon gesehen. Die DDR, in Gestalt ihrer wiedererstandenen Länder, wollte der Bundesrepublik Deutschland nach deren Verfassung beitreten. Nicht einem Europa, auch wenn die Präambel, darauf Bezug nimmt. Und auch wenn natürlich die Deutschen in der DDR einer Bundesrepublik beitreten wollten, die Mitglied der Europäischen Gemeinschaft war. Aber auch diese bestand ja aus selbstbewussten Staaten, die beschlossen hatten, bestimmte Rechte gleichsam gemeinsam auszuüben.

Wie sehr auch die Mitglieder der Europäischen Union ihre Staatlichkeit betonen, war auch noch Jahre später in der weiter zusammen gewachsenen Europäischen Union während der Flüchtlingskrise zu sehen. Auf einmal wurde wieder klar, wer die Träger Europas sind, wen die Bürger verantwortlich machen und wem die Politiker in erster Linie verantwortlich sind.

Die Flüchtlingskrise von 2015 stellte sogar die Staatlichkeit Deutschlands auf eine harte Probe. Auf den ersten Blick mag das erstaunen. Auf den zweiten Blick, und aus der Sicht eines „Frontstaates" wie des Bundeslandes Bayern betrachtet, sah die Lage anders aus. Wenn Tausende Flüchtlinge jeden Tag unkontrolliert die Grenze passieren – und so war es –, stellt sich die Frage nach den klassischen drei Elementen des Staates: Staatsvolk, Staatsgebiet und Staatsgewalt. Hat der Staat noch die Gewalt über sein Territorium, übt er noch Kontrolle über die Zusammensetzung seiner Bevölkerung aus? Der Staatsrechtslehrer und ehemalige Bundesverfassungsrichter Udo Di Fabio führte in einem Gutachten für die bayerische Staatsregierung aus: Es gehöre zu einer der großen positiven Überraschungen in der Geschichte der Bundesrepublik, wie bereitwillig und zivilgesellschaftlich vorbildlich Bürgerinnen und Bürger des Landes sich engagieren, um zu helfen und Notfallversorgung sicherzustellen. „Doch kann sich die Verwaltung von Ländern und Kommunen auf diese freiwillige Hilfe nicht dauerhaft und sogar in zunehmenden Maße stützen, schon weil die Verantwortung für die Einhaltung des Rechts der öffentlichen Verwaltung in spezifischer Weise auferlegt ist und vor allem für Fachleute sichtbar ist, wo Kapazitäten und Möglichkeiten erschöpft sein werden, wenn der Zustrom anhält oder nach einem vorübergehenden Rückgang wieder an Stärke gewinnt." Die Ressourcen der Verwaltung seien auf das Äußerste angespannt.

Und weiter: „Bleibt es bei der gemessen an verfassungsrechtlichen, unionsrechtlichen und völkerrechtlichen Vorgaben letztlich ungesteuerten Zahl an Grenzübertritten, so wird die Eigenstaatlichkeit der Länder bedroht bis hinein in Kernaufgaben wie die Gewährleistung der öffentlichen Sicherheit." Es folgt ein Hinweis auf die Kölner Silvesternacht 2015. „Hält die ungeregelte Einreise weiter an, könnten im Ergebnis sogar die Staatstrukturen, die vom Homogenitätsgebot des Art. 28 Abs. 1 GG gefordert sind, vor allem im Hinblick auf das Rechtsstaatprinzip bedroht sein, entsprechendes gilt hinsichtlich die demokratischen Landesgewalt, die eine gesetzmäßige und praktisch beherrschbare Bevölkerungszusammensetzung im Sinne der Drei-Elemente-Lehre voraussetzt." Dass diese traditionelle Sicht der Staatsrechtslehre auch in einem eng zusammengewachsenen Europa nicht überholt ist, zeigt sich gerade in der Krise.

Und Di Fabio führte auch aus, dass die „derzeitige unkontrollierte Einreise mit dem Grundgesetz nicht vereinbar ist". Obgleich der Gutachter in seinen Ausführungen zur Vorbereitung einer Klage zugestehen musste, ein drohender Verlust bayerischer Staatlichkeit sei schwerlich justitiabel.

Der Satz des damaligen bayerischen Ministerpräsidenten Horst Seehofer (CSU) von der „Herrschaft des Unrechts" erfährt hier seine Fundierung. Der seinerzeitige bayerische Justizminister Winfried Bausback ergänzte, diese Feststellung bedeute zwar nicht, dass wir in einem Unrechtstaat lebten, aber: Der Bund müsse handeln. „Wenn geltendes Recht nicht beachtet wird, ist der Bund gehalten, die Herrschaft des Rechts wiederherzustellen. Das ist bei massenhafter unkontrollierter Einreise der Fall. Dieser Zustand kann nicht hingenommen werden." Und auf meine Frage, ob nicht die Gefahr bestehe, durch diese Wortwahl staatliche Herrschaft insgesamt zu delegitimieren, antwortete der Justizminister, das europäische Dublin- und Schengen-System sei „derzeit faktisch zusammengebrochen". Über diese Wirklichkeit könne man nicht einfach hinwegsehen.

Und das sah auch die Bundesregierung so: Sie erklärte das europäische Asylsystem gleichsam für tot. Zugleich betonte die Bundeskanzlerin während der Flüchtlingskrise, für Deutschland gelte „natürlich die derzeitige Rechtslage". Das Bundesinnenministerium hob hervor, Deutschland habe die Dublin-Regeln (der EU-Staat, in dem ein Flüchtling zuerst angekommen ist, ist grundsätzlich auch für ihn verantwortlich) formal gar nicht ausgesetzt, es mache nur von seinem Selbsteintrittsrecht Gebrauch. Demnach kann jeder Mitgliedstaat beschließen, einen Antrag auf internationalen Schutz zu prüfen, auch wenn er nach den festgelegten Kriterien nicht für die Prüfung zuständig ist. Das deutsche Aufenthaltsgesetz verpflichtet die zuständige Behörde, einen Ausländer, der unerlaubt einreisen will, an der Grenze zurückzuweisen. Ausländern ist die Einreise zu verweigern, wenn sie aus einem sicheren Drittstaat einreisen oder Anhaltspunkte dafür vorliegen, dass ein anderer Staat aufgrund von Rechtsvorschriften der Europäischen Gemeinschaft oder eines völkerrechtlichen Vertrages für die Durchführung des Asylverfahrens zuständig ist und ein Auf- oder Wiederaufnahmeverfahren eingeleitet wird.

Diese Vorschrift kann durch Ministeranordnung praktisch außer Kraft gesetzt werden. Doch öffentlich bekanntgemacht worden ist das so nicht. Es fehlte überhaupt an greifbaren Rechtsakten, ja an Dokumenten aus jenen Tagen. Das zeigt das Spontane jener grundlegenden Entscheidung, die vom Gesetzgeber zweifellos für den Einzelfall gedacht war. Auch das Selbsteintrittsrecht ist an Bedingungen und Informationspflichten geknüpft.

Udo Di Fabio meint in seinem Gutachten für die Bayerische Staatsregierung: Selbst wenn eine Ministeranordnung vorläge, „so könnte sie doch nur begrenzte Herausforderungen erfassen, die weder die Staatlichkeit der Bundesrepublik noch die Funktionsfähigkeit der Länder herausfordern, sondern wie im Falle des Katastrophenschutzes gerade sichern sollen. Solche dispensiven Entscheidungen sind ihrer Natur nach auf überschaubare und beherrschbare Fälle oder allenfalls situativ zeitlich oder örtlich begrenzt erlaubt".

Es bestünden danach bereits einfachgesetzlich Zweifel, ob die Bundesregierung noch im gesetzlichen Rahmen handelte, „wenn sie über das Instrument der womöglich nur faktischen (unausgesprochenen?) Ministeranordnung eine politische Leitentscheidung (mit unionsweiter Auswirkung) über den Massenzustrom trifft, die unionsrechtlich eigentlich dem Rat mit qualifiziertem Mehrheitsentscheid überantwortet ist".

Auch ein Gutachten des Wissenschaftlichen Dienstes des Bundestages legt das nahe: Es spreche einiges dafür, dass eine „pauschale und massenweise Einreisegestattung" nicht mehr von jener Vorschrift gedeckt sei. Im Übrigen stelle sich die Frage, ob eine solch wesentliche Frage nicht der Gesetzgeber entscheiden müsse – sie hat schließlich grundlegende Bedeutung für das Gemeinwesen. Das Bundesverfassungsgericht hat jedenfalls entschieden, dass der Legislative beim Zuzug von Ausländern „eine gewisse Begrenzungsfunktion" zukommt.

Selbst wenn man unterstelle, so Di Fabio, dass die Öffnung der Grenze Ende August und Anfang September 2015 „quasi im rechtfertigenden Notstand zu Gunsten einer menschenwürdigen Behandlung von Flüchtlingen notwendig gewesen sein sollte", so würde das nichts daran ändern, dass damit allenfalls eine „punktuelle, auf wenige Tage beschränkte einstweilige Maßnahme zu rechtfertigen wäre, aber keine längere oder gar dauerhafte Außerachtlassung des geltenden Rechts".

Der bayerische Justizminister Bausback zog einen interessanten Vergleich zur Klage Bayerns gegen den Grundvertrag. Hier gehe es um eine zentrale Frage des Föderalismus. Wenn man sich politisch nicht einigen könne, dann müsse irgendwann der juristische Weg eingeschlagen werden. „So hat Bayern das auch schon im Streit um den Grundvertrag mit der DDR gehalten – und ein wichtiges Karlsruher Urteil erstritten." Schließlich habe das SPD-regierte Hamburg auch gegen das Betreuungsgeld geklagt. Aber: Wenn sich die Politik des Bundes ändere, sei eine Klage überflüssig.

Bayern warf dem Bund eine Gefährdung seiner Staatlichkeit durch Unterlassen vor – und wollte darauf zumindest die Drohung mit einer Klage vor dem Bundesverfassungsgericht stützen. Aber was sollte Berlin tun? Di Fabio kam zu dem Schluss, die Bundesregierung könne sich darauf berufen, dass bestimmte Maßnahmen, wie die bessere Sicherung der Außengrenzen oder der gestaffelte Aufbau von Grenzsicherungsanlagen zwischen den Mitgliedstaaten, die praktisch einen Transitweg nach Deutschland bilden, erst nach einem gewissen Zeitraum wirken können und insofern die Entwicklung noch beobachtet werden dürfe. Sollten solche Maßnahmen allerdings nicht ausreichen, um die bis dato bestehende exzeptionelle Situation wieder kontrollierbar zu machen, werde auch der Bund dann aus dem praktischen Scheitern der gemeinsamen europäischen Einreisekontrolle heraus „verfassungsrechtlich verpflichtet sein, wirksame eigene Grenzsicherung an der Bundesgrenze zu betreiben".

Schließlich setzt das Grundgesetz die Beherrschbarkeit der Staatsgrenzen und die Kontrolle über die auf dem Staatsgebiet befindlichen Personen voraus. Der Bund bleibe im Falle des „nachweisbaren Leistungsverlusts europäischer Systeme" in der Verantwortung für die „wirksame Kontrolle von Einreisen in das Bundesgebiet". Der Bund ist demnach aus verfassungsrechtlichen Gründen verpflichtet, wirksame Kontrollen der Bundesgrenzen wieder aufzunehmen, wenn das gemeinsame europäische Grenzsicherungs- und Einwanderungssystem vorübergehend oder dauerhaft gestört ist. Da die „teilweise praktisch ausgefallene Grenzsicherung und Einreisekontrolle mit allen dramatischen Folgen für die von den Ländern zu leistende Unterbringung und ihre Rechtsverantwortung für die betroffenen Menschen auch eine Folge des Zusammenbruchs des europäischen Schengen- und Dublin-Systems" sei, laste auf dem Bund auch im essentiellen Interesse der Länder „eine verfassungsmäßige Pflicht zur Korrektur im Rahmen der Integrationsverantwortung".

Ein weiteres, kurzes Gutachten des Wissenschaftlichen Dienstes des Bundestages zu „Möglichkeiten der Bundesregierung, gesetzliche Regelungen zeitweilig außer Kraft zu setzen", hebt hervor, dass es der Regierung auch nach der Notstandsverfassung nicht gestattet sei, gesetzliche Regelungen zu ändern.

Unabhängig davon, ob das Handeln der Bundesregierung seinerzeit justitiabel war, sollte das Bemühen um rechtmäßiges Handeln auch in einer Krise eine Selbstverständlichkeit sein. Ganz abgesehen davon, dass es politisch, mit Blick auf die Sicherheit des Landes, aber auch auf die gesellschaftlichen Folgen, wenig verantwortlich ist, Hunderttausende Flüchtlinge und Migranten aus Kriegs- und Krisengebieten ins Land zu lassen – mit dem Anspruch auf Familiennachzug und unter Umständen auf Einbürgerung. Kein Wunder, dass die AfD neu geboren wurde und Bundeskanzlerin Angela Merkel schließlich auf dem CDU-Parteitag im Dezember 2016 äußerte: „2015 darf sich nicht wiederholen."

Dass es sich bisher nicht wiederholt hat, liegt aber vor allem am Flüchtlingsabkommen mit der Türkei. Solange der türkische Präsident das Ventil zuhält, kommt es zu keiner neuen Flüchtlingskrise. Gleichwohl warten weiterhin Millionen Afrikaner auf die Möglichkeit einer Flucht nach Europa. Die Corona-Pandemie dürfte den Druck noch verstärken. Das ändert aber nichts daran, dass die Staatlichkeit Deutschlands gesichert sein muss. Banal? Nur als gesicherter freiheitlicher Rechtsstaat kann Deutschland für mehr als 80 Millionen Menschen, die hier leben, Freiheit und Sicherheit gewährleisten. Und nur als solchermaßen gesichertes Gemeinwesen, kann es den Gedanken von Rechtstaatlichkeit und Demokratie in die Welt tragen und humanitäre Hilfe leisten. Hier zeigt sich ein weiteres Mal: Ohne Überkommenes keine Entwicklung. Ohne Fundament keine Zukunft.

SOUVERÄNITÄT IST KEIN PANZER MEHR

Deutsche Politiker nehmen das Wort von der Souveränität nur ungern in den Mund. Und es stimmt: Souveränität ist kein Panzer mehr. Die Zeiten sind noch nicht lange vorbei, aber sie sind vorbei, in denen innerhalb eines Staates ein Potentat schalten und walten konnte, wie er wollte. Es gibt Dinge, die alle angehen. Verbrechen, die die Welt als Ganze betreffen. Das hat sich spätestens mit den Tribunalen von Nürnberg und Tokio gegen die Hauptkriegsverbrecher des Zweiten Weltkriegs gezeigt.

Die vom UN-Sicherheitsrat geschaffenen Kriegsverbrechertribunale für das ehemalige Jugoslawien und für Ruanda, vor allem aber die Einrichtung des Internationalen Strafgerichtshofs in Den

Haag sind Zeichen dafür, dass der Geist von Nürnberg lebt. Die Zuständigkeit des Haager Gerichtshofs ist ausdrücklich auf die schwersten Verbrechen beschränkt, welche die internationale Gemeinschaft als Ganzes berühren: Völkermord, Verbrechen gegen die Menschlichkeit, Kriegsverbrechen, Aggression.

Der damalige UN-Generalsekretär Kofi Annan bezeichnete das 1998 in Rom verabschiedete Statut des Internationalen Strafgerichtshofs als ein „Geschenk der Hoffnung für künftige Generationen". Der deutsche Außenminister Klaus Kinkel nannte die Einigung einen „historischen Sieg" für den Kampf gegen die Straflosigkeit von schwersten Verbrechen. Kritik kam dagegen aus Amerika; an den Vereinigten Staaten wäre der Beschluss zur Gründung des Internationalen Strafgerichtshofs in letzter Minute fast noch gescheitert.

Und heute? Eine beachtliche Mehrheit aller Staaten dieser Erde hat sich dem Statut unterworfen, aber von den ständigen Mitgliedern des UN-Sicherheitsrats nur Frankreich und Großbritannien. Afrikanische Staaten haben dem Gericht den Rücken gekehrt, der philippinische Präsident Rodrigo Duterte hat es wie auch die gesamten Vereinten Nationen mit Schmähungen überzogen. Und der amerikanische Präsident Donald Trump macht offen Front gegen Mitarbeiter des Internationalen Strafgerichtshofs, die in Afghanistan gegen Amerikaner Ermittlungen durchführen (wollen).

Andererseits haben mittlerweile die Vertragsstaaten des Internationalen Strafgerichtshofs einstimmig beschlossen, die Zuständigkeit des Gerichts für das Verbrechen der „Aggression" zu aktivieren. Insbesondere zählt hierzu das Führen eines Angriffskrieges. Bisher ist der Strafgerichtshof für die Ahndung von Völkermord, Verbrechen gegen die Menschlichkeit und schweren Kriegsverbrechen zuständig, sofern die Staaten dazu weder willens noch in der Lage sind.

Ist der Internationale Strafgerichtshof ein Instrument des Westens? Diesen Eindruck könnte man haben, wenn man auf die bisherigen Angeklagten blickt. Andererseits hat das Gericht eine Chefanklägerin aus Afrika und auch afrikanische Richter.

Die größte Herausforderung ist, dass er auf die Zusammenarbeit mit den Staaten angewiesen ist. Seine Haftbefehle kann er nicht selbst vollstrecken. Der UN-Sicherheitsrat kann zwar dem Strafgerichtshof einen Fall zur Prüfung überweisen. Doch solange er sich nicht einig ist und solange die ständigen Mitglieder nicht hinter dem Haager Gericht stehen, so lange wird sich in Kriegsgebieten wie Syrien nichts tun. Syrien hat sich nicht dem Statut unterworfen – sonst könnte auch das dortige Verhalten ausländischer Soldaten unter die Lupe genommen werden. In Afghanistan wird immerhin nun geprüft, ob die afghanischen Streitkräfte, die Taliban oder etwa die CIA Straftaten im Sinne des Römischen Statuts begangen haben.

Daher kann man zu dem Schluss kommen, die Ergebnisse des Internationalen Strafgerichtshofs seien bisher eher mager. So hat etwa kürzlich eine Berufungskammer in Den Haag das vor zwei Jahren gefällte Urteil – 18 Jahre Haft – gegen den kongolesischen Oppositionsführer Jean-Pierre Bemba aufgehoben. Das ist jedoch das Wesen eines rechtsstaatlichen Instanzenzugs.

Immerhin hat der Internationale Strafgerichtshofs für eine Art Kulturwandel gesorgt. Wer ins Haager Visier gerät, mag noch reisen können, er achtet aber darauf, wohin. Selbst der amerikanische Verteidigungsminister Donald Rumsfeld hatte einst eine Reise zur Münchner Sicherheitskonferenz aufgeschoben, offenbar weil die Bundesanwaltschaft Anzeigen gegen ihn prüfte.

So hat allein die Existenz des Haager Gerichts das öffentliche Bewusstsein und die nationalen Rechtssysteme verändert. Weitere internationale Tribunale zur Verfolgung von schweren Delikten sind entstanden. Die Todesstrafe gibt es übrigens nach Haager Recht nicht – auch das ein wichtiger Punkt mit Ausstrahlungswirkung. Wenn alle Staaten ihre Pflichten ernst nehmen, hat der Internationale Strafgerichtshof seinen Zweck erfüllt. Immerhin wurden schwerste internationale Verbrechen lange Zeit überhaupt nicht verfolgt.

Und genau das zeigt: Souveränität ist heute kein Panzer mehr. Und daran hatte Deutschland, unter dessen Souveränität ein beispielloser Völkermord stattfand, maßgeblichen Anteil. Manche argwöhnen deshalb, jetzt solle die Welt an den neuen deutschen Vorstellungen von Souveränität und Strafgerichtsbarkeit genesen. Und natürlich muss sich auch Deutschland Fragen stellen: Wie verhält sich der vermeintliche Musterknabe selbst, falls er auf der Haager Anklagbank sitzen würde? Bleibt womöglich kein Raum mehr für politisches Handeln, für Kompromisse und Absprachen, auch um Blutvergießen zu verhindern?

Anderseits kämpft die Bundeswehr in Afghanistan und anderswo und hatte sich mit den Folgen des Befehls des deutschen Obersten Klein, zwei Tanklastzüge anzugreifen, wobei zahlreichen Menschen umkamen, durchaus schon mit dem Vorwurf des Kriegsverbrechens auseinanderzusetzen. Aber, und das ist der entscheidende Punkt, solange die Staaten selbst tätig werden und mutmaßliche Verbrechen, die alle angehen, verfolgen, ist der Strafgerichtshof gar nicht zuständig. Immerhin haben auch klassische Interventionsmächte wie Frankreich und Großbritannien sich dem Haager Gericht unterworfen. Offenbar weil auch sie – als stolze Nationalstaaten – hierin einen Mehrwert sehen: das Ziel, die lange herrschende Straflosigkeit bei Völkermord, Verbrechen gegen die Menschlichkeit und schweren Kriegsverbrechen zu beenden.

In der deutschen Haltung zur Stärkung der internationalen Straf-
gerichtsbarkeit kommt somit gewiss auch ein Abtragen historischer
Schuld zum Ausdruck. Zudem die Erfahrungen mit der deutschen
Teilung: die Existenz von zwei Teilstaaten, die nicht vollständig
souverän waren, und die verstärkte europäische Integration; ein
Abgeben von Souveränität zugunsten eines größeren Ganzen.
Hier zeigt sich ein neues Verständnis von Souveränität und ein
Bekenntnis zum offenen Verfassungsstaat. Der schützt zwar seinen
Bestand und seine Grenzen und behält sich Letztentscheidungen
vor. Aber er setzt zugleich auf Öffnung und Kooperation. Und auf
das „Nie wieder".

Natürlich ist auch diese Entwicklung offen. Nicht zu vergessen
bleibt aber, dass in der Idealvorstellung auch des Statuts von Rom
die Staaten die schwersten Verbrechen, die alle angehen, selbst verfolgen und dass geschieht, wenn etwa hierzulande ruandische oder
syrische Kriegsverbrecher abgeurteilt werden. Auf diesem Weg ist
die Welt dank deutscher Verbrechen wie auch deutscher Wiedergutmachung ein gutes Stück vorangekommen.

Auch das Durchbrechen des traditionellen Panzers der Souveränität gehört somit zum deutschen Erbe. Souveränität wird nicht
aufgegeben, aber geteilt und neu in die Zeit gestellt.

DEUTSCHLAND IN DER EUROPÄISCHEN UNION

DEMOKRATIE IM NATIONALSTAAT

Kann man Demokratie nur in staatlicher Form denken? Sicher nicht. Aber Volk und Staat hängen traditionell eng zusammen, und das durchaus nicht nur auf positive Weise.

Hannah Arendt befand 1963 („Nationalstaat und Demokratie"), dass Nationalstaat und Demokratie etwas miteinander zu tun hätten, bezeuge schon der Ursprung des Nationalstaats in der Französischen Revolution. „Die Ehe, die sie miteinander eingingen, sah – wie viele Ehen – am Anfang, zu Ende des 18. Jahrhunderts, noch recht vielversprechend aus; sie hat dann doch, wie wir wissen, ein recht trübes Ende genommen. Gerade das demokratische Element im Nationalstaat, nämlich die Volkssouveränität, die sich an die Stelle der Souveränität des absoluten Fürsten setzte, hat sich sehr schnell, bereits in der Napoleonischen Herrschaft, als höchst brüchig erwiesen. Die Nation, das heißt das durch den Nationalstaat politisch emanzipierte Volk, hat bereits sehr früh eine verhängnisvolle Neigung gezeigt, seine Souveränität an Diktatoren und Führer aller Arten abzutreten. Das Parteiensystem, das bis heute die einzige Form ist, in welcher die Volkssouveränität im Nationalstaat zur Geltung kommen kann, ist doch von eben diesem Volk eigentlich seit seinem Entstehen in der Mitte des vorigen Jahrhunderts stets mit einigem Misstrauen betrachtet worden, und es hat in vielen Fällen und immer unter Zustimmung breitester Volksmassen mit der Errichtung einer Parteidiktatur und der Abschaffung gerade der spezifisch demokratischen Institutionen des Nationalstaates geendet. Wir vergessen heute manchmal, dass lange vor Hitlers Machtergreifung die weitaus größte Zahl europäischer Länder Parteidiktaturen unterstanden, also weder demokratisch noch dynastisch regiert wurden. Und wir sollten nicht vergessen, dass damals wie wohl auch wieder heute die Diktatoren sich gerade auf die nationalen Gefühle der von ihnen entmündigten Völker stützen konnten."

Nicht erst heute, in Zeiten von Digitalisierung und Globalisierung, ist das Bewusstsein vorhanden, dass der Staat nicht mehr alle Probleme lösen kann, schon gar nicht allein. Das kann aber für den demokratischen Staat und vor allem für seine Bürger nicht heißen, dass die Herrschaft des Volkes auf transnationaler Ebene aufgegeben wird. Aber inwiefern ist die Demokratie in Gefahr? Und ist es noch eine Demokratie, wie wir sie in der Europäischen Union geschaffen haben?

Der politikerfahrene Bundesverfassungsrichter Peter Huber gab auf den Bitburger Gesprächen 2012 in Mainz zu bedenken, dass es in der EU Loyalität eher unter den Regierenden als mit ihren Völkern gebe. Den Regierungen sei es vor allem wichtig, die untereinander getroffenen Absprachen einzuhalten. Die Objekte ihres Handelns, also die Bürger, hätten dagegen nicht mehr viel zu sagen. Die EU-Kommission verglich Huber mit einem Panzer, der sich stets durchsetze – ganz anders als die nationalen Regierungen. Und Huber gab seiner Verwunderung darüber Ausdruck, dass die IWF-Chefin und frühere französische Finanzministerin – und heutige EZB-Präsidentin – Christine Lagarde zur Finanzkrise geäußert hatte, das Problem sei die Demokratie. Frau Lagarde hatte schon früher zugegeben, die europäischen Verträge würden gebrochen („Vergesst die Verträge.")

Die Demokratie ist jedenfalls unter Druck geraten. Huber meinte, auch die inhaltliche Annäherung der großen Parteien nimmt dem Wähler die Möglichkeit zur Einflussnahme. „Wo es keine Alternativen gibt, gibt es auch keine Wahl." Das war allerdings, bevor die „Alternative für Deutschland" ihren Aufstieg nahm. Huber beschrieb in einem Beitrag für „Staat und Recht" in der F.A.Z. am 1.10.2015, dass das „Wahlrecht, die Ausgestaltung der Politikfinanzierung, das Fehlen direkter Demokratie auf Bundesebene sowie die Organisationsstrukturen der politischen Parteien die Selbstreferentialität des politischen Systems begünstigen und die Sprachlosigkeit zwischen Bürgern und Politik verstärken". Mechanismen und Rationalitäten des Parteienstaates verschärften diesen Befund, „weil sie faktisch die Rolle der Regierung stärken – zu Lasten der einzelnen Abgeordneten. Als Parteivorsitzender verfügt der Bundeskanzler typischerweise über die Parteiorganisation (des größeren Koalitionspartners). Damit ist er in der Regel in der Lage, die die Regierung tragenden Fraktionen in seine Politik einzubinden, das heißt, sie zu disziplinieren". So seien beispielsweise die Kompatibilität von Regierungsamt und Mandat oder die Hierarchisierung des Parlaments Mechanismen, die die Konzentration auf den Regierungschef zusätzlich befördern.

Auf Dauer gefährde das, so der Bundesverfassungsrichter, die Akzeptanz der verfassungsmäßigen Ordnung. Sind wir also wieder auf dem Weg nach Weimar oder zumindest in der Gefahr, wie sie Hannah Arendt 1963 gesehen hat? Ihrer Befürchtung, dass sich Diktatoren „gerade auf die nationalen Gefühle der von ihnen entmündigten Völker stützen konnten", sollte schließlich auch die Gründung der Europäischen Gemeinschaft entgegentreten.

Nun könnte gerade das dafür sprechen, umso schneller und stärker den europäischen Zusammenschluss zu suchen. Auch die EU ist ja demokratisch grundiert. Natürlich lässt sich leicht über „ungewählte Bürokraten in Brüssel" schimpfen. Dabei haben sich demokratische Parlamente und Regierungen zusammengefunden und auf der Grundlage ihrer Verfassungen bestimmte Rechte an die EU übertragen. Es versteht sich von selbst, dass die Union nur in diesem Rahmen tätig werden darf. Und es ist auch natürlich, dass eine Zentrale und ihre „Bürokraten" immer die Tendenz haben wird, den eigenen Einfluss zu vergrößern und im Zweifel sich selbst für zuständig zu halten.

Es gehört zur Demokratie, dass da mit Blick auf die selbst gesetzte Ordnung dagegengehalten wird. So ist fürwahr die Demokratie nicht an die Form des klassischen Nationalstaats gebunden. Solange aber die Bürger nicht in freier Entscheidung für das Aufgehen der europäischen Staaten in einen Bundesstaat votieren oder „Europa", wenn man sich von diesen Begriffen lösen will, bewusst immer mehr Rechte geben, solange gilt der bisherige frei gesetzte Rahmen. Und schon von einem europäischen Volk spricht kaum jemand. Nein, bisher finden die europäischen Völker ihren Heimat in ihren Staaten.

EUROPA ALS STAATSRÄSON

Im April 2020 sagte Bundeskanzlerin Merkel vor dem Bundestag und vor einem Treffen mit den EU-Staats- und Regierungschefs: „Für uns in Deutschland ist das Bekenntnis zum vereinten Europa Teil unserer Staatsräson". Für Europa gelte: „Wir sind eine Schicksalsgemeinschaft." Die Pandemie treffe alle, „aber nicht alle gleich". Es müsse nun aufgepasst werden, dass die Pandemie nicht zum Vorwand für die Spaltung Europas werde. „Europa ist nicht Europa, wenn es nicht für einander einsteht in Zeiten unverschuldeter Not", mahnte Merkel.

Europa ist zweifellos eine Erfolgsgeschichte. Im Grunde ohne Wenn und Aber. Denn dass sich nach dem großen Schlachten 1914 bis 1918 und vor allem 1939 bis 1945 die ehemaligen Kriegsgegner nicht nur die Hände reichten, sondern nicht nur wirtschaftlich (Kohle und Stahl), vielmehr später auch mit einheitlicher Währung und politisch immer näher zusammenrückten, das ist einzigartig. Und im Kern hat dieses „vereinte Europa", dass das Grundgesetz in seiner Präambel als Ziel nennt, auch Bestand. Und zwar in dem Sinne, dass jedenfalls ein Kern von Staaten weiter zusammengehen, vielleicht auch zusammenwachsen wird. Und der Kern dieser Entwicklung wird auch in den übrigens Staaten des Kontinents kaum zurückzudrehen sein. Und selbst ein Land wie Großbritannien, das den Austritt aus der Union beschlossen hat, bleibt wesentlichen Grundsätzen verpflichtet. Es wird, unabhängig davon, wie der Brexit verläuft, das Erbe der EU nicht ganz abschütteln (können) und sich womöglich auch wieder in diese Richtung orientieren.

In diesem Sinne ist Europa Staatsräson. Und ganz praktisch läuft, wenn man es recht betrachtet, kaum etwas ohne Regeln, die ihren Ursprung in Brüssel haben. Genauer muss man sagen: in den Mitgliedstaaten. Denn die EU hat ihre Macht nur geliehen. Sie kommt von den Bürgern, aus den nationalen Parlamenten. Die haben etwas ganz Neues geschaffen, das natürlich mit einem Gebilde „sui generis" oder dem vom Bundesverfassungsgericht geprägten Begriff des „Staatenverbundes" allein nicht zu fassen ist.

Doch weißt heißt „Staatsräson" hier? Mit gutem historischen Grund hat die Bundeskanzlerin auch schon gesagt, das Existenzrecht Israels sei Teil der deutschen Staatsräson. Was aber folgt daraus? Das ist wie die europäische Schicksalsfrage, die sich schon aus einem Blick auf die Landkarte ergibt, eine ständige Mahnung, ein Leitbild aber keine Anleitung für konkretes Handeln, jedenfalls nicht für ein bestimmtes Handeln.

GRENZEN DER EU

„Wer an Europa zweifelt, der sollte Soldatenfriedhöfe besuchen." Dieser Satz Jean-Claude Junckers beschreibt auf eindringliche Weise den Kern des europäischen Projekts: Frieden. Dieses Narrativ trug weit – und es trägt noch heute. Und es ist gerade heute, da die Fliehkräfte größer sind als je zuvor, wieder aktuell. Aber es zeigte sich im Lauf der Zeit eben auch, dass auch Frieden, Freiheit und Wohlstand nicht zwangsläufig dazu führen, dass das Europa gutgeschrieben wird. Im Gegenteil: Je mehr der Verbund von Staaten zusammenwuchs, je mehr die europäischen Grundfreiheiten durchgesetzt wurden, je mehr „Brüssel" zu sagen hatte, desto mehr wuchs auch eine Unzufriedenheit über Zentralismus, Bürokratie und Entfremdung – und auch über Rechtstaat und Demokratie in einem solchen Bund.

Richtig ist zwar auch, dass viele Unwahrheiten über Brüssel verbreitet wurden, so getan wurde, als sei die EU ein bürokratisches und demokratisch nicht legitimiertes Monster. So hatte sich der britische Premierminister Boris Johnson, als er noch Korrespondent in Brüssel war, mit erfundenen oder unredlich zugespitzten Geschichten über Europa einen Namen gemacht; einen passenden, wie sein weiterer Werdegang zeigen sollte.

Zugleich aber wird gern vergessen, dass die Europäische Union stets nur geliehene Macht hatte – geliehen von den Staaten. Der Anspruch einer Letztkontrolle ist nie aufgeben worden, nicht von Deutschland, nicht vom Bundesverfassungsgericht, aber auch nicht von anderen Staaten. Insofern kam das Karlsruher Urteil, dass den Ankauf von Staatsanleihen durch die Europäische Zentralbank ohne Verhältnismäßigkeitsprüfung rechtswidrig nannte und die Entscheidung des Europäischen Gerichtshofs dazu „schlechterdings nicht mehr nachvollziehbar", nicht überraschend. Es war folgerichtig. Seit Jahrzehnten knüpft das Bundesverfassungsgericht die Mitwirkung Deutschlands an der Europäischen Gemeinschaft (heute: Union) an rechtsstaatliche und demokratische Bedingungen. Auch das ist im Grundsatz weder originell noch überraschend. Denn wenn ein Land Hoheitsrechte abgibt, will es sicherstellen, dass es seine Identität nicht aufgibt und dass seine Bürger gewinnen und nicht verlieren. Dabei ist klar, dass das „vereinte Europa", von dem in der Präambel des Grundgesetzes die Rede ist, dem Frieden der Welt dienen soll, gleichsam Staatsziel ist und die überzeugende Antwort auf die verheerenden europäischen Kriege.

Aber das „Wie" der europäischen Integration muss stets hinterfragt und ausgehandelt werden. Die Deutsche Mark, eines der wichtigsten Staatssymbole und eine Säule der alten Bundesrepublik, wäre sicher nicht ohne jede Bedingung aufgegeben worden. Dem europäischen Haftbefehl konnte als einem tiefen Eingriff in fundamentale Rechte nur unter bestimmten Voraussetzungen zugestimmt werden. Jeweils kann es dabei natürlich nicht darum gehen, die Vorstellungen des Grundgesetzes und den deutschen Glauben an den Rechtsstaat eins zu eins auf die EU zu übertragen. Mit der Union ist etwas Neues entstanden – jeder muss abgeben, sich aber zugleich wiederfinden.

Unbestritten muss auch sein: Das Gemeinschaftsrecht geht grundsätzlich vor, denn anders geht es nicht. Und das bedeutet auch, dass der Europäische Gerichtshof das Organ ist, das letztlich über die Europäischen Verträge und die Kompetenzen der EU-Organe entscheidet. Grundsätzlich. Denn man stelle sich vor, in einer Union, die auf dem Prinzip der begrenzten Einzelermächtigung aufbaut, macht ein EU-Organ, was es will – und der Gerichtshof stimmt zu. Ist das dann hinzunehmen? Nein, denn so ist die Europäische Union nicht aufgebaut, so funktioniert sie nicht. Sie bezieht ihre Legitimation aus den Mitgliedstaaten. Ihnen ist deshalb seit jeher auch die „Letztkontrolle" vorbehalten. Das sehen auch andere Staaten und Verfassungsgerichte so, ohne dass deshalb das europäische Projekt in Frage gestellt würde.

Man muss keineswegs alle Karlsruher Urteile in dieser Frage so unterschreiben, kann hier auch Eitelkeiten und Ängste vor Machtverlust und Verzwergung erkennen. Aber man kann kaum bestreiten, dass es in der EU eine Tendenz zur großzügigen Auslegung der Kompetenzen zugunsten der Union und Integration und zu Lasten der Mitgliedstaaten und des Subsidiaritätsprinzips gibt. Das ist kein Zufall. Den Trend der Zentrale, sich für alles zuständig zu fühlen und alles selbst regeln zu wollen, den gibt es auch im (deutschen) Bundesstaat. Aber in Europa ist das auch ein demokratisches Problem. Deshalb gibt es die vom Bundesverfassungsgericht über Jahrzehnte hinweg aufgebauten Warnschilder, Leitplanken, der lange Tanz mit dem Europäischen Gerichtshof, der nun vorläufig vor einem Karlsruher Stoppschild endete. Aber auch das ist nur ein Zeichen. Alle Beteiligten haben es in der Hand, ob aus dem EZB-Urteil Gutes für die Zukunft oder eine Krise der Union wird.

Das Bundesverfassungsgericht hatte sich immerhin mehrfach bemüht, auch dem Europäischen Gerichtshof eine Brücke zu bauen, die er zunächst auch betreten hat. Man mag sich darüber echauffieren, dass sich Karlsruhe derart an der Frage der Verhältnismäßigkeit hochzieht. Aber die hat auch der EuGH ins Spiel gebracht, der auch an seine eigenen Maßstäbe erinnert werden muss. Jedenfalls sollte das Bemühen um einen gemeinsamen europäischen Weg nicht in ein Vertragsverletzungsverfahren münden. Genau das unterscheidet den Karlsruher Fall von Polen und Ungarn. Man kann nicht ernsthaft Entscheidungen zumal über Rechtsstaatlichkeit und Demokratie von Regimen abhängig machen, die der EU traditionell Geringschätzung entgegenbringen. Die EU ist tatsächlich nicht zuletzt eine Frage des guten Willens.

Das ist ein Signal für Europa – aber auch für den Nationalstaat, ein Zeichen für die heftigen Fliehkräften ausgesetzte EU, aber auch ein Zeichen für eine nationale Kontrolle ihrer mächtigen Organe. Jeder Bürger hat ein Recht darauf, dass eine Übertragung von Hoheitsrechten nur nach Maßgabe des Grundgesetzes erfolgt. Der Anspruch des Bürgers auf Demokratie ist unveräußerlich. Und so sollten auch die skeptischen Briten und all jene diese Entscheidung sehen, welche die EU für einen Ort der Fremdbestimmung halten. Es ist ein permanentes Ringen. Aber dass alle unter einem Dach leben und auf demselben Fundament stehen, kann nur in Frage stellen, wer in dieser Union überhaupt keinen Mehrwert sieht. Dieser grundsätzliche Wert des Staatenverbundes zeigt sich täglich. Zugleich bleibt das Karlsruher Diktum aktuell, dass der Bürger sich keiner Hoheitsgewalt unterwerfen muss, die er nicht selbst beeinflussen kann. Organe, die keiner Kontrolle unterliegen, sind uneuropäisch. Wenn die Politik das nicht vermitteln kann, muss sie die Konsequenzen tragen. Eine Neugründung Europas im Sinne eines Bundesstaates kann nur durch einen europäischen Souverän erfolgen. Das Wort hat der Bürger.

Der Bürger wird auch dereinst darüber entscheiden, ob und wie sich die Europäische Union weiterentwickeln wird. Auch wenn es derzeit nicht so aussieht, als ob die EU, wie früher lange Zeit gepredigt wurde, zugleich größer wird und enger zusammenwächst („mehr Europa") – so ist es doch nicht ausgeschlossen, dass zumindest ein Kern von Staaten weiter voranschreitet und bald eher einem Bundesstaat ähnelt. Zugleich könnten die eher lockeren Beziehungen mit Staaten an der Peripherie Europas ausgebaut werden. Ein „Europa der Vaterländer" schließt beide Entwicklungen nicht aus.

RECHTSSTAAT

RECHTSSTAAT VERSUS DEMOKRATIE

Oft werden diese beiden Begriffe synonym gebraucht. Dabei können sie auch einen Gegensatz bilden. Wenn eine Partei in einer freien Wahl eine Zwei-Drittel-Mehrheit erringt, dann ist sie demokratisch legitimiert, auch gegebenenfalls die Verfassung zu ändern. Aber sie darf nicht alles durchsetzen. Hier kommt der Rechtsstaat ins Spiel. Er soll gerade vor Mehrheiten schützen. Deshalb darf auch ein ohne Zweifel demokratisch ins Amt gekommener Präsident wie Donald Trump in den Vereinigten Staaten oder ein Victor Orbán in Ungarn nicht alles. Es gibt also durchaus ein Spannungsverhältnis zwischen Rechtsstaat und Demokratie.

Die frühere Präsidentin des Bundesverfassungsgerichts Jutta Limbach hat es auf die Formel gebracht: „Die Mehrheitsregel prägt nicht allein das Wesen der westlichen Demokratie. Zur Demokratie gehören auch bestimmte grundlegende Werte wie die Menschenrechte, auf die alle Staatsorgane verpflichtet sind. Richterinnen und Richter müssen sich daher bewusst sein, dass sie in einem Spannungsverhältnis arbeiten, auf dessen einer Seite die Mehrheitsregel und auf der anderen Seite die grundlegenden Wertentscheidungen unserer Verfassung Beachtung fordern. Sie haben der Mehrheit zu trotzen, sobald verfassungsrechtliche Garantien wie etwa Minderheitenrechte auf dem Spiel stehen."

Und man erkennt Staaten wie die selbst ernannten „illiberalen Demokratien" gerade daran, dass sie die Gerichte entmachten. Freilich folgt aus dieser Kontrollfunktion und Bedeutung auch eine weitere Spannung: Wer kontrolliert die Richter? Nun, irgendwann kommt natürlich der blaue Himmel. Aber es gibt ja auch die die (hoffentlich freie) Presse. Und es ist kein Zufall, dass sie neben der Justiz meist als erstes gegängelt wird.

Zudem sind Gerichte im Verfassungsstaat demokratisch rückgebunden. Die Richter werden gewählt – und unterliegen gesetzlicher Bindung und (hoffentlich) selbst auferlegter Zurückhaltung. Es ist eine große Errungenschaft, dass Gerichte unabhängig sind. Das ist aber kein Privileg des einzelnen Richters, sich zurückzulehnen oder seine Auffassung an die Stelle der Ansicht des Gesetzgebers zu setzen. Er soll vielmehr geschützt werden vor Einflussnahmen durch die Politik. Er ist an Recht und Gesetz gebunden, legt aber natürlich selbst das Recht aus und schafft dadurch auch Recht.

Das Bundesverfassungsgericht, mit umfangreichen Kompetenzen ausgestattet, ist sich dieses Zwiespalt insofern bewusst, als in vielen Entscheidungen ausdrücklich vom Ermessensspielraum und der Einschätzungsprärogative des Gesetzgebers die Rede ist. Klar ist aber auch: Alle grundlegenden Fragen des Gemeinwesens, soweit sie nicht nur Gesetzesform erreichen, sondern irgendwie rechtliche Bedeutung haben, erreichen in der Regel das Bundesverfassungsgericht, bis hin zu Äußerungen der Bundesregierung und des Bundespräsidenten. Insofern ist die Rede von der „Karlsruher Republik", von der anlässlich des 50-jährigen Jubiläums des Bundesverfassungsgerichts der Präsident der Stanford Universität, Gerhard Casper sprach, nicht ohne Berechtigung.

Wenn sich Politiker, also etwa Mitglieder der Bundesregierung oder des Bundestages, darüber beschweren, so ist das allerdings wohlfeil. Denn nicht selten ist man klammheimlich ganz froh, bestimmte Probleme nach Karlsruhe auslagern zu können, wo sie dann in der mündlichen Verhandlung ohnehin breit diskutiert werden (manche sagen: ausführlicher und auf höherem Niveau als im Bundestag) oder offen mit dem Hinweis auf zu erwartenden Karlsruher Entscheidungen zu zögern.

Insgesamt aber funktionieren die *Checks and Balances* gut – was auch daran liegt, dass Bundesverfassungsrichter „nur" höchstens zwölf Jahre im Amt sind, mit Zwei-Drittel-Mehrheiten, also einem breiten parteipolitischen Konsens, gewählt werden müssen und sich in einem öffentlichen Diskurs befinden. Die starke Stellung des Bundesverfassungsgerichts, aber auch des Rechtsstaats im allgemeinen, sind auch Ausdruck einer langen Tradition. Schon das Kaiserreich war eher Rechtsstaat als Demokratie. Und als Antwort auf den nationalsozialistischen Unrechtsstaat und auf die SED-Herrschaft in der DDR ist der besondere Glaube an den Rechtsstaat mehr als verständlich. Er darf nur nicht umschlagen in eine Heilserwartung an das Recht oder den Richter. Das Recht darf nicht bloßes Instrument eines politischen Willens sein; ein Mittel, mit dem man alles anstellen kann. So wird es aber bisweilen auch von der politischen Elite in benachbarten EU-Staaten genutzt. Das Recht ist aber nicht die Lösung selbst. Sie ergibt sich nicht unmittelbar aus ihm; schon gar keine allein seligmachende Wahrheit. Auch das sollten die Deutschen aus der Geschichte gelernt haben.

DEFIZITE IN DER EU

Was hält Europa zusammen? Was ist das Fundament der EU? Auch wenn in Sonntagsreden davon eher wenig die Rede ist: Ein tragender Pfeiler des Staatenverbunds ist das gemeinsame Vertrauen in die Herrschaft des Rechts. Der „gemeinsame Raum der Freiheit, der Sicherheit und des Rechts" ist, zugegeben, oft mehr Anspruch als Wirklichkeit. Er bedeutet auch keineswegs, dass alle Staaten der Union exakt den gleichen Regeln folgen müssten; tatsächlich unterscheiden sich die Rechtssysteme der Mitgliedstaaten immer noch erheblich voneinander. Aber Europarecht, also das gemeinsam beschlossene Regelwerk, muss befolgt werden, grundlegende rechtsstaatliche Standards sind nicht verhandelbar. Insbesondere die Unabhängigkeit der Justiz muss gewährleistet sein. Davon hängen auch Frieden und Freiheit nicht unwesentlich ab.

Die Wahrung der Rechtsstaatlichkeit in den EU-Staaten ist keine innere Angelegenheit. Denn ein Mitgliedstaat, der kein Rechtsstaat mehr ist, hat eigentlich keinen Platz mehr in der Union.

Die EU-Kommission hat gegen Polen ein Rechtsstaatsverfahren eingeleitet, weil die Regierung ihre Mehrheit nutze, um die Selbstverwaltung der Justiz auszuhebeln. So wurden die Mitglieder des „Landesjustizrats" zuvor größtenteils von der berufsständischen Vereinigung der Richter bestimmt. Nunmehr wollte die allein regierende Partei PiS bestimmen, wer in Polen Richter wird. Die bisherigen Mitglieder verlieren binnen Monatsfrist ihre Posten, obwohl die Verfassung ihnen eigentlich eine vierjährige Amtszeit garantiert. Das Verfassungsgericht fiel als Kontrolleur aus, seit die Regierungspartei aufgrund zweifelhafter Ernennungen sich auch hier die Mehrheit gesichert hat. Dass Richter des Obersten Gerichts nach Gutdünken entlassen werden können, macht die Sache nicht besser. Es ist offensichtlich, dass die Mehrheitspartei, in demokratischer Wahl an die Macht gelangt, versucht, diese Macht zu halten und auszubauen: Sie will auf alle Teile des Staates Einfluss nehmen.

Nun ist es naiv anzunehmen, dass in anderen Ländern nicht versucht werde, politischen Einfluss auf die Justiz zu nehmen. Auch dort, wo die Justiz sich selbst verwaltet, steht nicht alles zum Besten. Die Richter werden auch hierzulande nicht von einem Algorithmus nur nach fachlicher Eignung ausgewählt und befördert. Spätestens von einer bestimmten Ebene an spielt die Politik herein. Das ist eine demokratische Rückkopplung, kann aber auch zu Missbrauch führen. Entscheidend aus rechtsstaatlicher Sicht ist, dass die politische Einflussnahme in den Bahnen der Verfassung verläuft – und kontrolliert werden kann. Und selbst wenn ein Verfassungsgericht nicht unabdingbare Voraussetzung eines Rechtsstaats sein mag, so muss die Gewaltenteilung funktionieren. Eine große parlamentarische Mehrheit hat die Möglichkeit, die

Verfassung zu ändern, aber sie hat nicht das Recht, sich die Justiz untertan zu machen.

Das darf nicht Schule machen. Deshalb hatte die EU-Kommission ein Verfahren gegen Polen wegen „systematischer Gefährdung der Rechtsstaatlichkeit" eingeleitet, das bis zum Entzug von Stimmrechten führen kann. Unter Rechtsstaatlichkeit versteht die EU ausdrücklich, dass nur „ein von der Exekutive unabhängiges Gericht" den Bürgern ein faires Verfahren garantieren könne. Der Europäische Gerichtshof fordert eine „operative Gewaltenteilung, die eine unabhängige und effektive richterliche Kontrolle voraussetzt".

Das alles ist keine innere Angelegenheit Polens, aber in gewisser Weise ist Polen überall. Denn es ist eine schlechte europäische Übung, sich nur dann auf Europa und seine Solidarität zu berufen, wenn man beides gerade braucht, und ansonsten die nationale Souveränität hochzuhalten. Dabei haben die EU-Staaten Macht abgegeben und sich selbst unter gegenseitige Aufsicht gestellt. Auch das deutsche Bundesverfassungsgericht, das sich um die Verfassungsgerichtsbarkeit in Europa mit Recht große Sorgen macht, hat sich selbst einen letzten Vorbehalt genehmigt. Das kann aber nicht als Freibrief für eine Missachtung europäischer Werte verstanden werden.

Gerade in Zeiten von Hetze und Fremdenfeindlichkeit ist die Herrschaft des Rechts wichtig. Sie muss dem absoluten Wahrheitsanspruch populistisch-nationalistischer Bewegungen entgegengesetzt werden. Deshalb muss die EU die Entwicklung in Polen weiter aufmerksam beobachten und beurteilen. Die übrigen Mitgliedstaaten müssen aber täglich das vorleben, was sie von Polen (und auch von Ungarn) im Umgang mit der Justiz sowie mit der Presse verlangen. Widerspricht das dem Anspruch nationaler Letztkontrolle, den das Bundesverfassungsgericht erhebt? Nein, hier muss man schon unterscheiden. Wenn etwa Ungarns Minis-terpräsident Viktor Orbán in Aussicht stellt, dass sein Land eine gerade zuvor ergangenes Urteil des Europäischen Gerichtshofs zur Unterbringung von Asylbewerbern im einem Lager in einer „Transitzone" missachten könnte, weil die Luxemburger Richter den EU-Mitgliedsländern gegen ihren Willen Migranten aufzuzwingen wollten, so zeigt sich, dass hier jemand am Werk ist, der die EU eigentlich in ihren Grundfesten ablehnt.

Es ist etwas anderes, wenn das Bundesverfassungs- und andere Verfassungsgerichte die wohlbegründet in einem bestimmten Ausnahmefall nach jahrzehntelanger Rechtsprechung zu dem Ergebnis kommen, hier könne man einmal dem EuGH nicht folgen. So formulierte der seinerzeitige Präsident des Bundesverfassungsgerichts Andreas Voßkuhle in seiner einführenden Stellungnahme zum EZB-Urteil: „Die Idee der europäischen Rechtsgemeinschaft verliert in der Krise nichts von ihrer Bedeutung. Im Gegenteil: Um die Krise und ihre Folgen nachhaltig zu bewältigen, brauchen wir das Recht als festes gemeinsames Fundament." Die Diskussionen und Auseinandersetzungen zwischen den nationalen Verfassungsgerichten und dem EuGH über die Grenzen der europäischen Kompetenzordnung sind demnach konstituierender Teil der lebendigen europäischen Rechtsgemeinschaft. Das Bundesverfassungsgericht sei sich bewusst, „dass Entscheidungen des EuGH nur in absoluten Ausnahmefällen die Gefolgschaft versagt bleiben darf und hat insoweit eine ganze Reihe von einschränkenden Kriterien entwickelt".

GEFAHREN IN DEUTSCHLAND

Ist der Rechtsstaat in Deutschland in Gefahr? Das würden die meisten wohl rundweg verneinen. Es würden nicht wenige aber auch klar bejahen. Beide haben Unrecht. Der Rechtsstaat muss täglich erkämpft werden. Er funktioniert – aber man muss schon genau hinschauen.

Der Deutsche Richterbund, aber auch die Gewerkschaft der Polizei und etwa der Beamtenbund sehen seit Jahren den Rechtsstaat in Gefahr. In der Regel deshalb, weil die Verbände auf diese Weise ihre Forderungen nach mehr Personal illustrieren können. So hob der langjährige Richterbund-Vorsitzende und Buchautor Jens Gnisa oft hervor, die Politik habe die Justiz jahrelang vernachlässigt. Sie sei überlastet und stehe am Scheideweg, manches Bundesland in dieser Hinsicht kurz vor dem Bankrott. „Es knatscht in der Strafjustiz an allen Ecken und Enden", so Gnisa schon 2017. Wegen der Überlastung würden viele Strafverfahren eingestellt oder dauerten immer länger.

Besonders alarmierend sei, dass inzwischen auch Angeklagte mit erheblichen Tatvorwürfen aus der U-Haft entlassen werden müssten, weil Strafverfahren unvertretbar lange dauerten. Deutschland brauche mindestens 2000 zusätzliche Richter und Staatsanwälte, so der Richterbund. Allein in Nordrhein-Westfalen fehlten 500 Stellen, ergänzt der nordrhein-westfälische Richterbund. Bis 2030 werde ein Drittel der rund 6000 Richter und Staatsanwälte in den Ruhestand gehen. „Wir haben aber nicht genügend qualifizierten Nachwuchs, um diese Stellen neu zu besetzen." Auch der „Pakt für den Rechtstaat" von 2019 mit 2000 neuen Stellen für die Ländern, gilt ebendort als Mogelpackung. Stellen sagen einiges, aber auch nicht alles über Zustand und Qualität der Justiz eines Landes.

Deutschland verfügt im internationalen Vergleich gemessen an seiner Bevölkerungszahl nicht über zu wenig Richter. Andererseits haben andere Länder andere Fallzahlen und eine ganz andere Klagekultur – oder auch Unkultur. Wenn es etwa sehr teuer ist, überhaupt Klage zu erheben, braucht man auch weniger Richter. In Deutschland sind die Hürden, vor Gericht zu ziehen, vergleichsweise gering. Trotz verstärkter Bemühungen, Mediation und außergerichtliche Streitbeilegung sowie das Schiedsgerichtswesen zu fördern, ist sogar der Gang bis nach Karlsruhe zwar langwierig, aber mit einem recht geringem Aufwand verbunden. Rechtsschutzversicherungen und eine gewisse Rechthaberei-Kultur tun ihr Übriges. Zudem ist der deutsche Gesetzgeber recht aktiv; umfangreiche, seit Jahrzehnten andauernde Überlegungen, die Verfahren zu straffen, werden konterkariert durch immer mehr materielles Recht, nicht zuletzt im öffentlichkeitswirksamen Strafrecht, das auf Gerichte und Bürger niederprasselt.

Die Lage ist insgesamt gut – im Großen und Ganzen bekommt man in Deutschland sein Recht. Allerdings ist das – wie auch in anderen, etwa dem medizinischen Sektor – durchaus auch eine finanzielle Frage und eine Frage des öffentlichen Interesses. Nur mit Prozesskostenhilfe oder mit wenig Geld einen guten Anwalt zu finden, ist schwer. Mit Recht hebt das Bundesverfassungsgericht hervor, dass Anträge auf Prozesskostenhilfe nicht ohne weiteres mit dem Hinweis auf die fehlende Erfolgsaussicht abgebügelt werden dürfen. Wenn es um schwierige Rechtsfragen geht, muss ein Kläger ohne Geld denselben wirksamen Rechtsschutz genießen wie jeder andere.

Jedes Fehlurteil ist schrecklich – wobei nicht wenige Bürger schon ihr Unterliegen vor Gericht für ein Fehlurteil halten. Die Justiz selbst ist zudem dazu berufen, falsche Urteile zu korrigieren. Wer sich in einen beliebigen Gerichtssaal setzt, kann sich davon überzeugen, dass die Justiz einerseits ein Massengeschäft ist, dass andererseits dort aber auch gewissenhaft gearbeitet wird. Unter Beobachtung womöglich noch besser. Das sieht man auch den öffentlichkeitswirksamen Großprozessen wie dem NSU-Verfahren.

Allerdings ist auch eine Einschränkung zu machen: Die penible Arbeit der Justiz hat ihren Preis. Der NSU-Prozess dauerte fünf Jahre. Das kann man bis zu einem gewissen Grad verstehen: Eine sich über Jahre erstreckende Mordserie, eine Vielzahl von Nebenklägern und rund 3.000 Beweisanträge. Dagegen war das Verfahren gegen den norwegischen Massenmörder Anders Breivik schon nach vier Monaten sogar rechtskräftig abgeschlossen; allerdings auch deshalb, weil alle Beteiligten auf Rechtsmittel verzichtet hatten.

Auch der Love-Parade-Prozess war kein Ruhmesblatt: Zwar sind die Erwartungen an die Justiz in solchen schweren Unglücksfällen Fällen sehr groß, übergroß. Aber nicht für jede Katastrophe gibt es einen Schuldigen, der sich auch strafbar gemacht hat. Gleichwohl müssen die Gerichte auch solche Verfahren zu einem überzeugenden Abschluss bringen. Dem Riesenverfahren zum Love-Parade-Unglück, bei dem 21 junge Leute im Gedränge zu Tode kamen und mehr als 500 verletzt wurden, ist das nicht gelungen. Bald zehn Jahre nach der Katastrophe wurde das Verfahren, dessen Eröffnung das Landgericht nach zweijähriger Prüfung zunächst abgelehnt hatte, eingestellt. Daran hat auch die Corona-Pandemie ihren Anteil, und man mag mit einigem Recht sagen, dass ein so langer Prozess für die verbliebenen Angeklagten Strafe genug ist, die nach Ansicht des Oberlandesgerichts ohnehin nur geringe Sanktionen zu erwarten gehabt hätten.

Aber der Staat und die Justiz müssen die Ressourcen bereitstellen, um auch solche Verfahren in einer überschaubaren Zeit zu einem Abschluss zu bringen. Es kann weder darum gehen, um jeden Preis einen Sündenbock zu präsentieren – immerhin wurde der Oberbürgermeister wegen des Unglücks von den Bürgern abgewählt – oder eine Verurteilung zu erzwingen. Auch ein Freispruch oder eine Einstellung kann überzeugen. Kann. Hier ist die Justiz an ihre Grenzen gekommen.

Doch es geht nicht nur um das Verfahren. Immer neues Strafrecht belastet die Justiz. Sind deutsche Unternehmen kriminell? Stellt die Bundesregierung sie unter Generalverdacht? Solche Vorwürfe muss sich insbesondere Bundesjustizministerin Christine Lambrecht gefallen lassen, die das Gesetz „zur Bekämpfung der Unternehmenskriminalität" auf den Weg gebracht hat. Nicht nur hier stellte sich die Frage, ob das Schwert des Strafrechts, als letztes Mittel, auf diese Weise gezogen werden muss. Kollidiert nicht die Schaffung immer neuen Strafrechts mit der ebenfalls erklärten Ziel einer Straffung des Strafverfahrens?

Die Vorstellung der Väter der Strafprozessordnung, dass die Hauptverhandlung einen Tag dauert, ist zwar in vielen Fällen immer noch Realität. Galt noch vor Jahrzehnten bereits ein Verfahren, das sich über mehrere Tage streckte, als „monströs", sind die Dimensionen heute ganz andere: Doch aus extremen Fällen sollte man nicht ohne weiteres Reformen des Strafverfahrens ableiten. Man muss weiter darüber nachdenken, was gegen Verzögerungen getan werden kann. Doch eines darf dabei nicht vergessen werden: Was aus Sicht der Justiz Obstruktionen und Verschleppungen sind, stellt sich aus der Perspektive der Verteidiger als Kampf für die Rechte des Angeklagten dar. Wer sich je einmal als Richter oder Staatsanwalt in der Rolle eines Beschuldigten wiederfand, sieht auch das Strafverfahren bisweilen mit anderen Augen.

Das – rechtsstaatlich verankerte – Prinzip der Beschleunigung ist zweifellos im Sinne des Angeklagten. Das gilt sowohl für das Ermittlungsverfahren als auch für die Hauptverhandlung und die Rechtsmittelinstanz. Soll man, wie es in vielen Ländern selbstverständlich ist, nicht nur bestimmte Zeugenaussagen, sondern die Hauptverhandlung insgesamt dokumentieren, womöglich gar durch Ton- oder Videoaufzeichnungen? Darüber muss nachgedacht werden, schließlich ist das bisher übliche „Protokoll" oft ziemlich dünn. Eine Aufzeichnung sollte aber nicht zur Folge haben, dass etwa das Revisionsgericht sich einen Jahre dauernden Prozess im Wesentlichen noch einmal anschauen muss.

Angesichts der einander widerstreitenden Interessen wird der alte Traum einer großen Reform des Strafprozesses wohl einer bleiben. Die Strafprozessordnung hat sich im Kern auch bewährt. Wenn die Justiz ihren Pflichten nachkommt und die Strafverteidiger daran denken, dass auch sie Organe der Rechtspflege sind, kann das auch weiterhin und im Wege des Drehens an kleineren Schrauben gutgehen; etwa wenn die Zahl der Nebenklagevertreter reduziert wird.

Der Gesetzgeber kann auch jenseits des Verfahrensrechts etwas tun: Je mehr er unter Strafe stellt, desto mehr Arbeit gibt es für Staatsanwaltschaften und Gerichte. Das heißt nicht, dass nicht (fast) allen Vorschlägen für neue Strafgesetze auch ein sinnvoller Gedanke anhaftete. So ist auch die Überlegung richtig, Unternehmen stärker zur Verantwortung zu ziehen. Doch das ist zum einen nicht nur über das Strafrecht möglich und nötig; zum anderen legt jeder neue, gern öffentlichkeitswirksam verkündete Vorschlag zur Schließung von Strafbarkeitslücken die Justiz weiter lahm. Aber ohne die Forderung nach neuen Strafgesetzen erregt man als Politiker kaum Aufmerksamkeit.

Schon jetzt erfordern die großen Wirtschaftsstrafverfahren, bei denen immense Datenmengen ausgewertet werden müssen, eine weitere Spezialisierung. Auf Seiten der Anwälte gibt es die längst. Und wer will, dass das Internet kein rechtsfreier Raum ist, der muss auch auf diesem riesigen Feld investieren. Schließlich muss sichergestellt sein und bleiben, dass die Justiz nicht nur in öffentlichkeitswirksamen Verfahren eine gute Figur abgibt, dass nicht nur jedem Verdacht nachgegangen wird, sondern dass auch jeder Einzelne einen Verteidiger findet und ein faires Verfahren erwarten kann.

Auch die Corona-Pandemie war ein Charaktertest für den Rechtsstaat Es ist eine Legende, dass es zu Beginn der Corona-Pandemie einen Konsens zwischen Politik, Wissenschaft und Bürgern gegeben habe. Worüber herrscht schon Konsens? Nein, es gab stets eine Debatte, es gab Zweifel. Wie sollte es auch anders sein in einem demokratischen und föderalen Rechtsstaat, in dem nichts widerspruchslos befohlen werden kann, sondern jede Entscheidung auf Mehrheiten beruht und jeder gegen jeden staatlichen Eingriff Rechtsschutz suchen kann. Das gilt erst recht angesichts einer Gefahr, die sich erst im Zug der Zeit herausgeschält hat, die immer noch erforscht wird und deren Bekämpfung mit einer Vielzahl von Einschränkungen verbunden ist. Die von Bund und Ländern beschlossenen Maßnahmen haben im Wesentlichen einer rechtsstaatlichen Überprüfung standgehalten, mussten aber auch an einigen Stellen korrigiert werden. Es ist eine Mär, dass die Justiz ihrem Kontrollauftrag nicht nachgekommen wäre.

Die etwas selbstgefällige Äußerung des Präsidenten des saarländischen Verfassungsgerichtshofs, sein Gericht habe mit seiner Entscheidung von Ende April 2020 „den Menschen ein Stück Freiheit zurückgegeben", verkennt, dass die Beschränkungen ja auch der Freiheit dienten – dem Schutz vor Krankheit und Tod von vielen. Der Verfassungsgerichtshof hat deutlich gemacht, dass die zur Eindämmung der Corona-Pandemie getroffenen Maßnahmen im Hinblick auf die Grenzlage des Saarlandes und angesichts der im Vergleich zu anderen Teilen Deutschlands besonders hohen Infektionszahlen im März geboten waren. Die Grundrechtseingriffe müssten allerdings „Tag für Tag auf ihre Verhältnismäßigkeit überprüft werden". Zugleich aber betonte der Verfassungsgerichtshof, er wisse sich „in Übereinstimmung mit dem Vorhaben der Landesregierung". Tatsächlich war schon klar, dass die Regierung nur wenige Tage später die weitreichenden Beschränkungen aufheben würde.

Ist das ein Herdentrieb? Jedenfalls darf ein Gericht nicht einfach seine eigene Auffassung von Epidemiebekämpfung an die Stelle der Einschätzung von Exekutive und Gesetzgebung setzen. Aufgabe der Dritten Gewalt ist es, zu prüfen, ob sich die Beschränkungen im Rahmen der verfassungsmäßigen Ordnung bewegen – und dieser Aufgabe kommen die Gerichte auch nach. Tatsächlich sollte es auf der Hand liegen, dass Grundrechte wie das Versammlungsrecht nicht komplett ausgehebelt werden können. Und dass ein ausnahmsloses Gottesdienstverbot nicht notwendig ist, um den Zweck der Pandemiebekämpfung zu erfüllen.

Es gab jedoch weder Schließungs- noch Öffnungsorgien. Der Gesetzgeber muss sich an den Zweck halten, der von ihm selbst gesetzt wurde. Und wenn das Entscheidende Kontaktverbote sind, dann ist es eben nicht zwingend erforderlich, zu Hause zu bleiben und das öffentliche Leben (weiter) herunterzufahren. Sogar größere Veranstaltungen sind denkbar, allerdings noch nicht solche, für die Nähe und Alkoholkonsum charakteristisch sind. Der Zweck heiligt jedenfalls auch bei der Eindämmung der Seuche nicht alle Mittel.

Datenschutz ist nicht nur etwas für Gesunde. Wenn aber durch Einschränkungen des informationellen Selbstbestimmungsrechts eine bedrohliche Pandemie wirksam bekämpft werden kann, so überwiegt die staatliche Schutzpflicht für Leben und körperliche Unversehrtheit. Es muss aber sichergestellt sein, dass der Staat nur streng zweckgebunden Daten speichert und verwertet. Dass im Wege einer Pandemie ein Überwachungsstaat etabliert wird, ist eine Bedrohungsphantasie. Um genau solche Bedrohungen zu verhindern, sind nicht nur Gerichte da. Es ist auch die Aufgabe der Opposition wie überhaupt der Parlamente, ohne die eigentlich keine für das Gemeinwesen und die Grundrechte wesentlichen Entscheidungen getroffen werden dürfen. Schließlich ist es auch eine Aufgabe der Bürger selbst, die ja auch auf die Straße gehen und von ihren Rechten weitgehend mit Augenmaß Gebrauch machen.

Abwägen muss man freilich immer, aber nicht generell Leben gegen Leben. Was für Notfallmediziner bei größeren Unfällen Alltag ist (Triage), kann in Sachen Corona nicht in die Formel gegossen werden, dass von einem bestimmten Alter an niemand mehr beatmet wird. Der Gesamtzustand eines Patienten wäre ein Kriterium – in der Not. Menschen aber von einer bestimmten Altersgrenze an nicht mehr zu behandeln oder sie gar vom Beatmungsgerät zu nehmen, wäre ein elementarer Verfassungsverstoß, der an düstere Zeiten erinnert. Im Übrigen darf sich jeder selbst gefährden – aber jedes Opfer verursacht Kosten für die Allgemeinheit. Letztlich ist das vom Trinken bis zum Rasen eine Frage gesellschaftlicher Akzeptanz, die sich wandeln kann.

Entscheidend ist, dass auch wohlmeinende Hilfe nicht freihändig nach Gutdünken, sondern dass sie nach Maßstäben erfolgt. Das gilt auch für Subventionen. Und es gilt auch für die Frage, ob sich die Europäische Union in den Strudel einer Schuldenunion begibt. Bisher jedenfalls muss man sich um den Zustand Deutschlands als einer ziemlich gesunden, lebendigen Demokratie wenig Sorgen machen.

Das gilt auch mit Blick auf die Demonstrationen, die in Deutschland vor allem die Corona-Lockerungen begleiteten. Extremisten beider Ränder und Verschwörungstheoretiker aller Art waren darunter, aber auch viele besorgte Bürger. Dass es in keinem anderen Land derartige Proteste gab, mag auch daran liegen, dass die Covid-19-Sterberate hierzulande im internationalen Vergleich ziemlich niedrig lag. Grund genug offenbar für viele, an der Gefährlichkeit des Virus zu zweifeln und zu verkennen, dass Deutschland – früher auch schon als „kranker Mann Europas" geschmäht – offenbar systemisch im Vorteil war: Ein gutes Gesundheitssystem, ein effizienter, föderaler Staatsaufbau, gute Ärzte und eine gute Verwaltung. Ein Grund für die Proteste mag also schlicht sein, dass es vielen (zu) gut geht. Dass die Corona-App angeblich spät kam und von vielen zunächst skeptisch beäugt wurde, kann im Vergleich mit westlichen Verfassungsstaaten zum einen nicht behauptet werden – zum anderen sind die Proteste in Deutschland, die es in der Tat in anderen Ländern in der Form nicht gab, auch Ausdruck einer besonderen demokratischen Reife. Gewiss sind sie auch ein Zeichen für Freiheit und Wohlstand. Eine unselige Mischung von Menschen mit krudesten Theorien und Extremisten fand sich auf den Straßen. Es wäre aber auf der anderen Seite auch verwunderlich, wenn Maßnahmen wie die Kontaktbeschränkungen ohne jeden Protest der Bürger hätten durchgesetzt werden können.

Man kann darin als auch schlicht ein aufgeklärtes Bürgertum als weiteres Kennzeichen einer funktionierenden Demokratie sehen. Die Menschen hinterfragen vieles – natürlich auch mit Irrungen und Wirrungen –, aber sie nehmen ihre Grundrechte aktiv wahr. Das ist 30 Jahre nach der Wiedervereinigung im Grunde erfreulich. Immerhin scheint sich zu zeigen, dass der Rechtsstaat funktioniert und politische Extremisten und ihre Parteien von der Corona-Krise nicht besonders profitieren.

FÖDERALISMUS

VORBILD FÜR DIE WELT

Die Klage über den deutschen „Flickenteppich" hat Tradition. Angefangen bei den Eltern, die von einem in ein anderes Bundesland umziehen und sich über neue Schulregeln beklagen. Bis hin zu Politikern selbst, sogar in den Bundesländern, die am liebsten alles gleich haben wollen.

Dabei wird oft vergessen, dass der deutsche Föderalismus schon früh international als Vorbild galt. Seine politische Prägung erhielt das Wort vom „Flickenteppich" in der zweiten Hälfte des 19. Jahrhunderts, als das von Preußen dominierte Bismarck-Reich sich vor der Geschichte zu legitimieren suchte. Das Deutsche Reich von 1871 verfügte über eine stark zentralistische Ausrichtung. So gab es gleichförmige preußische Provinzen von Schleswig-Holstein bis Württemberg-Hohenzollern, vom Niederrhein bis Oberschlesien, und sie alle folgten Weisungen aus Berlin. Die Verteidiger der neuen Ordnung fanden das ideal, weshalb sie das ältere deutsche Reich, das doch vom Mittelalter bis 1806 in einer ausbalancierten föderalen Struktur existiert hatte, nachträglich als „buntscheckig" abtaten – oder eben als „Flickenteppich" verunglimpften, wie Jürgen Overhoff auf „Staat und Recht" im Mai 2020 in der F.A.Z. ausgeführt hat. Zur Illustration dieses Narrativs wurden demnach für Schulbücher nun zersplitterte Landkarten entworfen, „die das angebliche Flickwerk des älteren Reichs in schockierender Weise vor Augen führten".

Doch jenes Deutschland wurde von den Zeitgenossen gar nicht als so kleinteilig und defizitär empfunden. Es war dem Göttinger Reichsjuristen Johann Stephan Pütter im 18. Jahrhundert zufolge seit dem Spätmittelalter ein ganz besonderer „aus Staaten bestehender Staat", der auch im Ausland seine Bewunderer fand. Montesquieu, der Verfechter des liberalen Rechtsstaates, erblickte im deutschen Föderalismus eine eigenständige Form der Gewaltenteilung. Er lobte die deutsche Fähigkeit, durch intensive Gespräche auf Bundes- und Länderebene zu einem Ausgleich zu kommen. Montesquieu war es auch, der im „Geist der Gesetze" von 1748 Deutschland als „République fédérative d'Allemagne" bezeichnete.

Die Architekten der amerikanischen Verfassung, Benjamin Franklin und James Madison, schufen das amerikanische föderale System ausdrücklich auch nach deutschem Vorbild. In den Diskussionen der „Constitutional Convention", die im Sommer 1787 in Philadelphia die bis heute gültige amerikanische Verfassung erarbeitete, hoben sie hervor, dass die neue amerikanische politische Ordnung „in Analogie" zur deutschen Verfassungsstruktur herzustellen sei, mit einer deutlichen Stärkung der demokratischen Elemente. Franklin war zuvor durch Deutschland gereist, und Madison hatte sich intensiv mit den deutschen Fundamentalgesetzen befasst. Wilhelm von Humboldt, der bei Pütter in Göttingen studiert hatte, interpretierte die von ihm beschriebene „Zerstückelung" Deutschlands positiv, wie Overhoff schreibt. Er erblickte in ihr eine äußerst vorteilhafte „Mannigfaltigkeit" und befand 1813, dass diese den Wettbewerb der politischen Ideen fördere.

Diese Einschätzung wurde erst in der Bismarck-Zeit von einer negativ konnotierten Sicht auf den Föderalismus abgelöst – die Rede vom „Flickenteppich" entstand. Nach dem Ende des Kaiserreichs und im Anschluss an die kurzlebige Weimarer Republik wurde dem Föderalismus dann für viele Jahre der Garaus gemacht,: Erst teilte Hitler das Dritte Reich in Gaue auf, dann – nach dem Untergang des NS-Staates – regierte die DDR den sozialistischen Osten des Landes mit Hilfe zentral verwalteter Bezirke.

Anders im Westen Deutschlands. Die Bundesrepublik knüpfte an die föderalen Traditionen an. Sie gehörten dazu. Im Grunde sogar auch in der DDR, jedenfalls bei den Bürgern. Denn auch die streng zentralistische Zwangsherrschaft des SED-Regimes konnten die regionalen Traditionen in vier Jahrzehnten nicht einebnen. Fast selbstverständlich erstanden die Länder wieder, zwar „neue Bundesländer", im Grunde aber alte deutsche Länder. Helmut Kohl zeigte sich nach seinem berühmt-umjubelten Auftritt vor einem schwarz-rot-goldenen Fahnenmeer in Dresden besonders gerührt, dass er die grün-weiße Fahne Sachsens erblickt habe.

Nun ist es nicht so, dass Föderalismus automatisch gut ist und Zentralismus von Übel. Natürlich gibt es demokratische Zentralstaaten. Es stimmt aber auch, dass autoritäre Gemeinwesen gleichschalten wollen, also für Bundesstaatlichkeit nicht viel übrig haben. Föderalismus ist nicht von Vorteil, nur weil er hierzulande historisch gewachsen ist, sondern weil er eine vertikale Form der Gewaltenteilung darstellt und den urdemokratischen Gedanken eines Staatsaufbaus von unten verkörpert.

Mit ihm lässt sich regionalen Bedürfnissen ab besten entsprechen sowie experimentieren und die beste Lösung für alle finden.

WENN DER BUND ÜBERMÜTIG WIRD
UND SICH LÄNDER KAUFEN LASSEN

Die Länder sind Staaten – und sie haben das Recht zur Gesetzgebung. Sie dürfen aber auch nicht vergessen, dass sie Teile eines Bundes sind.

Als Schleswig-Holstein einmal von seinem Recht Gebrauch machte, die Abschiebung von Flüchtlingen nach Afghanistan auszusetzen, so war das rechtlich möglich; sofern nach Ansicht der obersten Landesbehörde humanitäre oder völkerrechtliche Gründe oder außenpolitische Interessen der Bundesrepublik Deutschland dagegenstehen. Jedoch aus Gründen des Wahlkampfs eine Entscheidung des Bundes nicht zu vollziehen, ist jedenfalls gesetzlich nicht vorgesehen.

Hält sich ein Bundesland nicht an seine föderalen Pflichten, so nimmt der Bundesstaat insgesamt Schaden; zumal es bei der Abschiebung von Flüchtlingen in dieser Zeit um ein zentrales Thema der Staatlichkeit geht. Wenn es zweifelhaft ist, dass Menschen, die kein Bleiberecht haben, auch in ihre Heimatländer zurückgeführt werden, tritt nicht nur eine Sogwirkung ein, sondern Deutschland leidet auch als Rechtsstaat. Dass es mit Härten verbunden ist, Abschiebungen durchzusetzen, ändert nichts an der Rechtspflicht der Länder, Bundesrecht zu vollziehen.

Es gibt aber keinen Grund, gleich nach einem Zentralstaat zu rufen, sobald Pflichten im föderalen Gefüge missachtet werden. Der Preis wäre zu hoch. Es wird nämlich oft vergessen, dass auch der Föderalismus eine Art von Gewaltenteilung ist, die dazu dient, Machtmissbrauch zu verhindern. Jede Zentralisierung, die nun durchgesetzt wird, hat Bestand; die Erfahrung auch in Europa zeigt, dass sich so etwas kaum zurückdrehen lässt. Das bedeutet, dass davon auch einmal ganz andere Parteien und Bundesregierungen profitieren könnten.

Wollte jemand den Grundsatz abschaffen, dass die Opposition auch einmal Regierung wird und die Regierung wieder Opposition, ginge (hoffentlich) immer noch ein Aufschrei durch dieses Land. Ähnliches muss für den Föderalismus gelten. Natürlich gibt es auch demokratische Zentralstaaten; aber dass die Bundesrepublik Deutschland aus Ländern besteht und dass grundsätzlich die Länder das Recht zur Gesetzgebung haben, ist keine Folklore, sondern eine große politische Errungenschaft. Genau deswegen suchten sowohl das Hitler-Regime als auch die DDR gleich zu Beginn ihrer Herrschaft die föderalen Strukturen zu zerschlagen.

Die Länder selbst handeln oft auch nicht besonders föderal. Ministerpräsidenten lassen sich gelegentlich wie Schuljungen nach Berlin bestellen; die Bundesländer vereinheitlichen ohne Not ihre Vorschriften. Richtig ist, dass Föderalismus nicht immer bequem ist. Wer in ein anderes Bundesland zieht, trifft dort auf eine andere Tradition und Kultur – und auf anderes Recht. Doch das hält sich in Grenzen, die Unterschiede wurden in den vergangenen Jahrzehnten immer weiter eingeebnet.

Man kann auch über die Zusammenlegung von Ländern nachdenken; darüber wurde ja auch schon abgestimmt. Aber es ist kein Zufall, dass eine Länderfusion in jüngster Zeit immer an den Bürgern scheiterte. Daran erkennt man die Beharrungskräfte und den Stolz auf eine gemeinsame Vergangenheit.

Gerade in Zeiten, in denen die Europäische Union Erosionserscheinungen aufweist, ist es wichtig, dass der Staat Bundesrepublik Deutschland erhalten bleibt. Man sieht gerade unter dem gegenwärtigen amerikanischen Präsidenten, was es heißt, wenn Institutionen missachtet, gegeneinander ausgespielt und womöglich abgeschafft werden. Das kommt nicht von ungefähr: Es gehört zur Ewigkeitsgarantie des Grundgesetzes, dass unter dieser Verfassung kein Zentralstaat errichtet werden darf und die Gliederung des Bundes in Länder unabänderlich ist.

Doch letztlich entscheidet darüber natürlich auch das Volk. Und da ist es nicht ungefährlich, wenn die Bundeskanzlerin den Eindruck erweckt, zum Staatsvolk gehöre jeder, der hier lebt. Die Kanzlerin hat recht, wenn sie diejenigen in die Ecke stellt, die glauben, sie könnten nach Belieben selbst definieren, wer und was deutsch ist, und damit zahlreiche andere ausgrenzen. Merkels

Bemerkung mag integrativ gemeint sein. Allerdings darf nicht vergessen werden, dass auch der Begriff des Staatsvolks zu schützen ist. Das ist gleichsam die oberste Institution. Nicht das Parlament ist der Souverän, sondern das deutsche Volk. Das ist kein ethnisch homogener Block; jeder, der nach den gesetzlichen Bestimmungen Deutscher geworden ist, gehört zum deutschen Staatsvolk. Das Volk (mit seinen „Stämmen", wie es noch in der Weimarer Verfassung hieß) ist der Träger dieses Staates. Aus diesem Kreis darf niemand willkürlich ausgeschlossen, es darf aber auch niemand beliebig eingemeindet werden, der hier nicht verankert ist. Davon hängt die Demokratie ab. Zwar ist die Bundeskanzlerin nicht direkt vom Volk gewählt. Aber sie ist dem Wohl des deutschen Volkes verpflichtet.

Bestechlichkeit ist nur eine Frage des Preises. Warum sollte dieser alte Lehrsatz nicht auch für die Bundesländer gelten? Die Länder lassen sich „kaufen", geben dafür Kompetenzen ab und lassen den Bund bis in die Kommunen hineinregieren. Das ist bisher jedenfalls Staatspraxis gewesen. Und zum Kaufen(lassen) gehören immer zwei. Die Abgabe von Kompetenzen als solche ist weder rechtswidrig (deshalb hinkt der Vergleich mit der Korruption) noch anstößig. Wenn Bund und Länder sich auf eine Verfassungsänderung zu Lasten der Gliedstaaten einigen, so ist das zunächst ein regulärer Vorgang im föderalen Staat.

Zu bedenken ist aber: Die Länder sind Staaten. Sogar geschlossen könnten Bundestag und Bundesrat den Bundesstaat unter diesem Grundgesetz nicht abschaffen. Ein Zentralstaat ist von der Verfassung nicht gewollt und entspricht auch nicht deutscher Tradition. Grundsätzlich sind daher auch die Länder für die Gesetzgebung zuständig – es sei denn, das Grundgesetz bestimmt etwas anderes.

Die Ausnahmen sind freilich mittlerweile Legion. Und die Länder haben an der Entkernung ihrer Eigenstaatlichkeit munter mitgewirkt. Es ist insbesondere für kleine Bundesländer schwer, den verhältnismäßig großen Beträgen zu widerstehen, die der Bund als Gegenleistung für mehr Kompetenzen und Durchgriffsrechte auszureichen gedenkt.

Auch dort, wo die Landtage noch etwas zu sagen hätten, haben Angleichung und Mustergesetze Konjunktur – etwa in der Bildung und bei der Polizei. Warum auch nicht, so könnte man fragen. Dem Bürger ist es egal, ob die Sanierung des maroden Schulgebäudes aus dem Bundes-, Landes- oder Gemeindeetat finanziert wird. Hauptsache, es wird saniert. Er muss aber wissen, an wen er sich wenden und wen er im demokratischen Rechtsstaat zur Verantwortung ziehen kann.

Es gibt jedenfalls kein Indiz dafür, dass die Bürger ihre regionalen Organisationsformen leid wären und einen Zentralstaat herbeisehnten. Immerhin hat auch die kommunale Selbstverwaltung Verfassungsrang. Trotz aller Klagen über den „Flickenteppich" ist eine Mehrheit für die oft geforderte Zusammenlegung von Bundesländern bisher nirgends zustande gekommen. Aber auch nur etwas mehr echten Wettbewerbsföderalismus wollen Bund und Länder bisher nicht.

Es gibt langjährige Ministerpräsidenten, die zu dem Schluss gekommen sind, dass der jetzige Föderalismus im Grunde vor allem den Ministerpräsidenten dient – aber es sei nun einmal nicht jedermann Ministerpräsident. So überspitzt das klingt: Die Regierungschefs der Länder sollten darauf achten, dass ihr zeremonieller Auftritt noch zu den Befugnissen ihrer Länder passt. Und was haben eigentlich die Landtage, die nach den Diäten fast durch die Bank gerade nicht als Feierabendparlamente ausgestattet sind, noch wirklich zu entscheiden? Was wollen sie noch entscheiden?

Andererseits passt sie bisherige Praxis gut zum deutschen Wohlfahrtsstaat. Möglicher Wettbewerb und Störenfriede werden mit Geld ruhiggestellt. Das hat seinen Preis, hat aber bisher funktioniert. Die Bürger schätzen regionale Verwurzlung und wollen, dass die Angelegenheiten der örtlichen Gemeinschaft auch vor Ort geregelt werden. Sie wollen aber auch eine gewisse Gleichheit – die in Deutschland traditionell jedenfalls nicht weit hinter der Freiheit rangiert, eher im Gegenteil. Das gilt auch für den vertikalen Staatsaufbau. Unterschiede? Ja, aber nicht zu viele.

Auch in der Europäischen Union, gleichsam der nächsten föderalen Ebene, gibt es die starke Tendenz zur Zentralisierung. Hier muss insbesondere die Bundesregierung die schwierige Herausforderung meistern, die Interessen des Bundes und seiner Länder in Brüssel wirksam wahrzunehmen. Denn nach außen gibt es nur den Bund. Auch die gewichtigsten Rechte der Länder wirken vornehmlich innerstaatlich. Zugleich ist auch die Europäische Union, jedenfalls auf dem Papier, dem Grundsatz der Subsidiarität verpflichtet. Demnach darf die Union in ihrem Zuständigkeitsbereich nur tätig werden, soweit die Ziele auf unterer Ebene nicht ausreichend verwirklicht werden können. Leider sehen die EU-Organe so gut wie ausnahmslos die EU als zuständig an, also sich selbst.

Die Kunst des föderalen Deutschlands muss darin bestehen, seine Vielfalt im Innern zu leben und diesen Reichtum nach außen in einer Stimme zu bündeln. Die vielbeschworene Globalisierung geht gewiss auch mit einer Gleichmacherei einher. Aber kein demokratisches, den Menschenrechten verpflichtetes Gemeinwesen kann auf Dauer von oben nach unten geführt werden.

RECHT AUF ABSPALTUNG?

Und was ist, wenn die Länder vom Zentralstaat die Nase voll haben? Peter Gauweiler hat einst gesagt, er wolle mehr „Schottländer" in Europa sehen. Die Schotten hätten den übermächtigen Zentralstaat in Frage gestellt: „Das wäre bei uns nicht möglich." Wirklich? Tatsächlich kennt das Grundgesetz – anders als der EU-Vertrag – kein Austrittsrecht für seine Länder. Die gelten zwar als Staaten, aber eben nur im Rahmen des Bundes. Der könnte im Falle der Abspaltung eines Landes theoretisch sogar Panzer schicken, um die Einheit des Staates zu wahren. Aber nur theoretisch. Denn wenn eine Region mit großer Mehrheit für (mehr) Freiheit stimmt – welcher demokratische Staat könnte und wollte darauf mit Gewalt antworten?

Die Briten haben damals ein Zeichen gesetzt. Gewiss geschah die großmütige Gewährung des schottischen Unabhängigkeitsreferendums, auf das es ebenfalls keinen verfassungsrechtlichen Anspruch gab, zunächst unter der Prämisse, da werde schon nichts anbrennen. Und so kam es ja auch. Doch das Risiko einer Sezession Schottlands war (und ist) immer da – und der Wahlkampf um den Bestand Britanniens entwickelte sich zu einem Musterfall freier Selbstbestimmung. Dabei wurden die zuletzt ohnehin schon recht selbstbestimmten Schotten von London auch zuvor nicht unterdrückt. Aus diesem Experiment kann man keinen allgemeinen Anspruch europäischer Regionen ableiten.

Aber die Angst ist da. Die Angst der Regierungen in den Hauptstädten vor Zersplitterung und Machtverlust. Nicht ohne Grund hat etwa Spanien das Kosovo bisher nicht anerkannt – jene einstige südserbische Provinz, für deren albanische Bewohner Nato-Flugzeuge Bomben auf Belgrad warfen. Madrid fürchtet Auftrieb für seine abspenstigen Regionen.

Immerhin zeigt das Kosovo, in dem auch der Westen, der dafür Krieg führte, keinen Präzedenzfall sehen will, dass die Souveränität und territoriale Unversehrtheit der Staaten nicht grenzenlos sind. Wer sein eigenes Volk knechtet oder einen Teil davon auslöschen will, kann das nicht mehr unter dem Schutz des Völkerrechts tun.

Aber auch weit jenseits von gewaltsamer Unterdrückung bewegt sich etwas: Die Völker und Volksgruppen, ja die Bürger wollen mehr Teilhabe – und erinnern lautstark daran, wo der Grund der Staatswerdung liegt: in der Freiheit. Und das gilt auch für die Europäische Union, die (notwendigerweise) als Elitenprojekt vorangetrieben worden war, aber zunehmend an Legitimationsgrenzen stößt. Viele Bürger fühlen sich fremdbestimmt – in ihren Staaten, aber auch durch Brüssel.

Das Modell Europäische Union ist – trotz des Brexits – nicht in Gefahr, wenn es sich auf seine Grundlage und seinen Anspruch besinnt. Die Attraktivität der EU nach außen ist ungebrochen. Das spürt auch der russische Präsident Putin beim Blick auf die westlichen Grenzen seines Reichs jeden Tag. Putin sollte hier tatsächlich genau hinschauen. Der Eroberer der Krim bemüht gern das Kosovo als Präzedenzfall. Dabei kann er von den Schotten lernen. Die Annexion der Krim war das genaue Gegenteil von freier Selbstbestimmung. Aber natürlich – und das muss auch die Ukraine verinnerlichen – haben die (bisweilen sehr starken) russischen Minderheiten einen Anspruch darauf, nicht diskriminiert zu werden und ihre Kultur zu pflegen. Sie selbst wiederum müssen die Verfassungen der Staaten achten, in denen sie leben, haben eine Pflicht zur Loyalität gegenüber ihrem Staat, der wiederum Umstürze unterdrücken darf. Die Einverleibung der Krim durch Russland durfte und darf schon deshalb nicht akzeptiert werden, weil sie gewaltsam geschah. Im Schatten von Panzern ist keine freie Selbstbestimmung möglich.

Die Lehre aus dem Schottland-Referendum lautet: Stark ist das Land, das seine Bürger und Regionen mit Respekt behandelt und sie ihre eigenen Angelegenheiten möglichst selbst regeln lässt. Die Macht kommt von unten. Deshalb wird in Deutschland weiter über Bürgerbeteiligung und Steuerautonomie der Länder diskutiert. Deshalb hat die EU ihre Regionen und nationalen Parlamente wiederentdeckt. Natürlich muss der Staat handlungsfähig bleiben – das ist die Abwägung, welche die Bürger treffen müssen: Die Mehrheit der Schotten fühlt sich weiterhin im Vereinigten Königreich wohler. Und Bayern wird in Deutschland so ernst genommen, dass sich die Frage einer Unabhängigkeit nicht stellt.

Aber der Bundesstaat muss ebenso wie der Staatenverbund täglich erkämpft werden. Was als Krise oder Scheitern ausgegeben wird, ist oft nur ein Beleg dafür, dass die Rechnung ohne das Volk gemacht wurde. Gewiss ist es nicht leicht, die Bürger in freier Wahl zu überzeugen. Es wird auch nicht einfacher. Aber es gibt nur eine Alternative, die keine ist: Unterdrückung.

Apropos Bayern: Ist eine Abspaltung Bayerns von der Bundesrepublik Deutschland vorstellbar? Würde, wenn die Regierung des Freistaats ihre Unabhängigkeit erklärte, die Bundesregierung Panzer gen Süden schicken? Solche Fragen werden, nicht erst seit dem katalonischen Unabhängigkeitsreferendum, in vielen Staaten gestellt, in denen es Völker, Regionen, Bundesstaaten mit einem ausgeprägten eigenen Bewusstsein und großer Freiheitsliebe gibt.

Es besteht kein Zweifel daran, dass alle Völker ein Recht auf Selbstbestimmung haben. Schon in der Charta der Vereinten Nationen ist vom „Grundsatz der Gleichberechtigung und Selbstbestimmung der Völker" die Rede. In den beiden UN-Menschenrechtspakten von 1966 heißt es gleich zu Beginn, kraft des Selbstbestimmungsrechts entschieden alle Völker „frei über ihren politischen

Status" und „gestalten in Freiheit ihre wirtschaftliche, soziale und kulturelle Entwicklung".

Ein Recht auf Sezession aber, auf Abspaltung von einem bestehenden Staat, ist allenfalls in extremen Ausnahmefällen anerkannt. Denn die Unversehrtheit der Staaten ist eine Grundlage der internationalen Gemeinschaft. Jeder Staat hat deshalb grundsätzlich das Recht, separatistischen Bestrebungen innerhalb seiner Grenzen entgegenzutreten. Hier sieht die spanische Verfassung sogar ausdrücklich vor, dass die Zentralregierung eine autonome Region wie Katalonien zur „zwangsweisen Erfüllung" ihrer Pflichten anhalten kann, wenn ihr Verhalten etwa einen „schweren Verstoß gegen das allgemeine Interesse Spaniens darstellt".

Aber Pflichten hat auch der Gesamtstaat. In einer berühmten Resolution der UN-Vollversammlung von 1970, der „Friendly Relations"-Deklaration, heißt es zwar, dass das Selbstbestimmungsrecht nicht als Ermutigung verstanden werden dürfe, die territoriale Integrität souveräner Staaten zu beeinträchtigen. Dies gelte aber nur für Staaten, die sich vom Grundsatz der Selbstbestimmung leiten ließen und „daher" eine Regierung hätten, welche die gesamte Bevölkerung repräsentiere. Daraus ist geschlossen worden, dass es in Ausnahmefällen ein Recht zur Sezession aus einem Staatsverband durchaus geben könne – wenn nämlich ein Volk oder eine Volksgruppe nicht mehr repräsentiert oder gar unterdrückt wird.

Die Staaten sollten somit ein ureigenes Interesse daran haben, die auf ihrem Gebiet lebenden Volksgruppen gut zu behandeln. In einem wirksamen Schutz von Völkern in einem Staat manifestiert sich gleichsam deren Selbstbestimmungsrecht. Es geht um Minderheitenschutz, womöglich um Autonomie. Erst im Fall einer massiven Diskriminierung, einer gewaltsamen Unterdrückung kann von einem Anspruch auf Sezession die Rede sein.

Auch der ist allerdings nichts wert, solange es keine Unterstützung von außen gibt. Die Staatengemeinschaft entscheidet letztlich darüber, ob ein neues Land entsteht – indem sie dieses anerkennt oder eben nicht. Letztlich ist auf diese Weise Jugoslawien zerfallen. In der einstmals südserbischen Provinz Kosovo gab es eine massive Unterdrückung der Albaner, die schließlich zur gewaltsamen „humanitären Intervention" der Nato führte – und zur Anerkennung nicht nur der einstigen ehemaligen jugoslawischen Teilrepublik, sondern auch des Kosovos als Staat durch die internationale Gemeinschaft. In Spanien hingegen kann weder von einer derartigen Unterdrückung Kataloniens die Rede sein, noch besteht (gerade deshalb) zurzeit irgendeine Chance, dass andere Länder eine solche Sezession anerkennen würden.

Nun könnte man sich auf den Standpunkt stellen: Reisende kann man nicht aufhalten. Und letztlich stimmt es ja: Loyalität zu einem Gemeinwesen kann man kaum erzwingen, Bundestreue auf Dauer nicht mit Gewalt einfordern. Aber auch ein freiheitlicher Staat kann keinen dauerhaften Rechtsbruch tolerieren. Wenn ein Verfassungsgericht ein Referendum oder auch nur eine Versammlung für rechtswidrig erklärt, dann muss das respektiert werden. Ansonsten könnte das Schule machen – und der Rechtsstaat wäre generell in Gefahr. Doch kann natürlich jede Region, jedes Bundesland mit der Zentralgewalt über mehr Rechte verhandeln. Und jede Bundesregierung hat die Pflicht, die innere Selbstbestimmung „ihrer" Völker ernst zu nehmen.

Freiheitsliebe? Ja, auch darum geht es. Aber (mehr) Freiheit für Volksgruppen bedeutet nicht gleich einen Anspruch auf einen eigenen Staat. Freiheit kann auch ein Staatsverband gewähren. Das ist schließlich, recht verstanden, sein Zweck.

Die traurige Wahrheit ist aber auch: Kaum eine Unabhängigkeits-
bewegung hat ihre Ziele ohne Gewalt erreicht. Deshalb ist es wichtig, dem Weg des Rechts zu folgen.

BITTE MIT FINGERSPITZENGEFÜHL

Dieser Weg gerät mitunter auch in Deutschland in Vergessenheit. Oder zumindest das Gespür für die Eigenständigkeit
der Länder. Schon mancher Landespolitiker hat beklagt, dass er
in Berliner Runden auf demonstratives Desinteresse an seinem
Bundesland stoße. In Berlin geht es um Machtfragen, um die
Partei, ein bisschen um den Bundesrat. Warum soll man sich in
der Hauptstadt auch für Provinzthemen interessieren? Muss man
nicht, aber man darf sich dann auch nicht wundern, wenn ein
Land, ein Landtag oder ein Landesverband sich eigentümlich verhalten. Im Grunde besteht die Bundesrepublik Deutschland aus
Ländern, aus Staaten. Sie haben alles, was einen Staat ausmacht
– Volk, Gebiet, Staatsgewalt –, sie sind allerdings Gliedstaaten in
der Bundesrepublik Deutschland. Aber auch hier sind sie es, die
grundsätzlich für die Gesetzgebung zuständig sind; es sei denn, das
Grundgesetz bestimmt es anders. In der Staatspraxis freilich werden die Länder oft eher wie abhängige Bezirke behandelt, oder sie
entmachten sich gleich selbst. Sogar wenn sie sich wie Thüringen
„Freistaat" nennen. Die Bundeskanzlerin jedenfalls hat Thüringen
im Prinzip nichts zu sagen. Bundesrecht bricht zwar Landesrecht –
und im Extremfall kann der Bund gegebenenfalls sogar mit Zwang
gegen ein Land vorgehen.

Aber im Fall Thüringen ging es nicht darum, dass ein Land seine
ihm obliegenden Bundespflichten nicht erfüllt hätte, sondern um
die demokratische Wahl eines Ministerpräsidenten im Februar
2020. Selbst wenn mit dieser Wahl kein Staat zu machen war, weil
ein FDP-Politiker mit Hilfe der AfD gewählt wurde: Es war eine
Wahl. Natürlich haben die Parteivorsitzenden ihren Parteien etwas

zu sagen – das ist ja auch geschehen. Ein Landesverband muss sich letztlich fügen – oder er ist im Extremfall kein Landesverband mehr. Aber durchregieren kann auch die Bundesspitze einer Partei nicht. Insbesondere die Abgeordneten sind frei und – wie jeder Bundestagsabgeordnete auch – an Aufträge und Weisungen nicht gebunden, auch nicht an solche aus Berlin. Doch der Eindruck, dass es anders sein könnte, wurde erweckt. Insofern war die Einlassung der Bundeskanzlerin, die Wahl des FDP-Politikers Kemmerich zum Thüringer Ministerpräsidenten sei „unverzeihlich" gewesen und das Ergebnis der Wahl müsse rückgängig gemacht werden, Wasser auf die Mühlen all derjenigen, die den Eindruck haben, von „Berlin" gesteuert zu werden, sich von dort aber nicht steuern lassen wollen.

Die SPD-Führung stand dem nicht nach: Der SPD-Vorsitzende Walter-Borjans forderte, das Thüringer Ergebnis „darf keinen Bestand haben". Immerhin fügte er hinzu, es müsse eine Lösung im Rahmen der Thüringer Verfassung gesucht werden: „Wir wollen Antidemokraten nicht damit begegnen, dass wir eine antidemokratische Form der Reaktion wählen." Die demokratische Form wahren: Das sollte eine Selbstverständlichkeit sein – ist es aber nicht. Es fällt gerade im Kampf gegen den radikalen politischen Gegner schwer. Und ist doch notwendig, auch in Thüringen. So schrieb die Kommunalordnung vor, die Gemeinderatsmitglieder seien in der ersten Sitzung des Rats vom Bürgermeister auf die gewissenhafte Erfüllung ihrer Amtspflichten durch Handschlag zu verpflichten. Das hatte eine Oberbürgermeisterin von der Linkspartei gegenüber NPD-Stadträten verweigert. Das Oberverwaltungsgericht entschied dazu, die Pflicht zum Handschlag sei „eindeutig und unmissverständlich". Gleichwohl lehnte sie das weiter ab. Ministerpräsident Bodo Ramelow von der Linkspartei stellte sich hinter die Oberbürgermeisterin; und die Vorsitzende der Thüringer Linken befand, sie habe „jene Konsequenz bewiesen, welche bei Amtsinhabern aller demokratischen Parteien eine Selbstverständlichkeit darstellen sollte".

Steht aber eine demokratische Pflicht im Streit, so müssen darüber im demokratischen Rechtsstaat Gerichte befinden. Jeder entscheidet selbst darüber, welchen Umgang er mit seinem Nächsten pflegt. Die Spielregeln im Staatsorganisationsrecht, zu denen sogar ein Handschlag gehören kann, sind aber vorgegeben. Über ihre Einhaltung bestimmt nicht eine Koalition von „Guten", wie groß sie auch immer sein mag, sondern die Verfassung. Und die Gerichte achten aus besten Gründen auf die demokratische und rechtsstaatliche Form. Dazu gehört die Gleichheit aller (erlaubten) Parteien vor dem Gesetz. Dazu steht nicht im Widerspruch, bestimmte Politiker oder Parteien politisch auszugrenzen. Aber der Staat muss jede Partei ihre Arbeit machen lassen. Keine Partei, keine Koalition ist der Staat. Und staatliche Ämter dürfen nicht, so schwer das sein mag, zum Kampf gegen politische Gegner missbraucht werden.

Das hat das Bundesverfassungsgericht mehrfach hervorgehoben, zuletzt im Fall Seehofer: Der Zweite Senat beanstandete eine Äußerung zur AfD, die der Bundesinnenminister 2018 auf der Internetseite seines Ministeriums veröffentlicht hatte: „Die stellen sich gegen diesen Staat. Da können sie tausend Mal sagen, sie sind Demokraten. Das haben Sie am Dienstag im Bundestag miterleben können mit dem Frontalangriff auf den Bundespräsidenten. Das ist für unseren Staat hochgefährlich. Das muss man scharf verurteilen. Ich kann mich nicht im Bundestag hinstellen und wie auf dem Jahrmarkt den Bundespräsidenten abkanzeln. Das ist staatszersetzend." Hier geht es nicht darum, ob die Äußerungen richtig oder zulässig sind. Sondern, ob sie der Bundesinnenminister auf der Homepage seines Hauses so tätigen durfte.

So hat Karlsruhe 2018 entschieden, dass die Bundesbildungsministerin Johanna Wanka (CDU) das Recht der AfD auf Chancengleichheit verletzt hatte, als sie auf der Homepage ihres Ministeriums schrieb: „Die Rote Karte sollte der AfD und nicht der Bundeskanzlerin gezeigt werden. Björn Höcke und andere Sprecher der Partei leisten der Radikalisierung in der Gesellschaft Vorschub. Rechtsextreme, die offen Volksverhetzung betreiben wie der Pegida-Chef Bachmann, erhalten damit unerträgliche Unterstützung." Karlsruhe entschied, dass die Staatsorgane im Wettbewerb der Parteien Neutralität wahren müssten. Denn sie hätten allen zu dienen. Wenn alle Staatsgewalt vom Volke ausgeht, so setzt das demnach voraus, dass die Wähler ihr Urteil in einem freien und offenen Prozess der Meinungsbildung fällen können. Der zielgerichtete Eingriff in den Wettbewerb der Parteien ist untersagt. Es ist der Bundesregierung demnach versagt, „sich mit einzelnen Parteien zu identifizieren und die ihr zur Verfügung stehenden staatlichen Mittel und Möglichkeiten zu deren Gunsten oder Lasten einzusetzen".

Das heißt natürlich nicht, dass die Bundeskanzlerin gleich gegen die Verfassung verstieß, als sie aus dem fernen Ausland forderte, die Wahl des Ministerpräsidenten eines Bundeslandes müsse rückgängig gemacht werden. Sie kann sich natürlich auch zu Thüringen äußern. Aber es hat mehr als ein Geschmäckle, wenn sie als Nicht-mehr-Parteivorsitzende, sondern als Kanzlerin noch dazu vom fernen Ausland aus die Revision eines Wahlaktes in einem Gliedstaat fordert.

BEWÄHRT – GERADE AUCH IN DER (CORONA-)KRISE

Die Corona-Krise hat ein weiteres Mal gezeigt: Ein gutes föderales System ist gerechter und effektiver als zentrale Befehlsstrukturen. Natürlich ist auch der Bund gerade in einer weltweiten Pandemie wichtig; aber er kann auch hier nicht durchregieren.

Seine Signale sind wichtig, aber an der Virusfront müssen Kommunen und Länder entscheiden. Typisch war die Äußerung des damaligen Bundesinnenministers nur drei Tage nach der Reaktorkatastrophe von Tschernobyl 1986: Eine Gefährdung in Deutschland sei „absolut auszuschließen", sagte seinerzeit Friedrich Zimmermann von der CSU. Diese Äußerung war genauso kühn, wie sie beruhigend wirken sollte. Kühn (oder schlimmer), weil sich zum damaligen Zeitpunkt kaum eine halbwegs gesicherte Aussage treffen ließ. Aber was erwartet man von Politikern in solchen Situationen? Keine Panik, sondern Zuversicht. Auch auf die Gefahr hin, dass man später mit dem Vorwurf der Verharmlosung leben muss. Man hört es doch lieber, dass die Sparguthaben sicher seien und eine Flüchtlingspolitik der offenen Tür „geschafft" werde, als das Gegenteil.

Insofern war es erstaunlich, dass Bundesgesundheitsminister Jens Spahn (CDU) schon recht früh in der Corona-Krise die Abriegelung ganzer Städte als Möglichkeit erwähnte. Tatsächlich sind zum Schutz vor der Ausbreitung einer Infektionskrankheit auch Zwangsmaßnahmen möglich, die erheblich in Grundrechte eingreifen. Doch für jede dieser Maßnahmen, von der Absage von Veranstaltungen über Freiheitsbeschränkungen bis zu anderen Zwangsmaßnahmen, gilt, auch wenn es nicht ausdrücklich normiert ist, der Verhältnismäßigkeitsgrundsatz. Jede staatliche Maßnahme zur Bekämpfung des Corona-Virus muss also geeignet, erforderlich und verhältnismäßig im engeren Sinne sein. Gibt es ein milderes Mittel, das ebenso geeignet ist, muss dieses zuerst angewendet werden. Ein Grundrechtseingriff muss in einem angemessenen Verhältnis zu seinem Zweck stehen. Abriegelungen oder Isolierungen können also nur angeordnet werden, wenn sie möglichst schonend mit den Grundrechten der Betroffenen in Einklang zu bringen sind und wenn die gesetzlichen Voraussetzungen vorliegen.

Und das alles bliebe graue Theorie, wenn nicht auch durch unabhängige Gerichte überprüft werden könnte, ob die staatlichen Stellen sich an diese rechtlichen Vorgaben halten. Das ist der Unterschied zwischen Deutschland und Staaten wie China – und leider immer noch viel zu vielen anderen Staaten auch auf dem europäischen Kontinent. Hierzulande könnte jeder Betroffene gegen eine Maßnahme, durch die er sich in seinen Rechten verletzt sieht, vorläufigen Rechtsschutz beantragen – und es wäre möglich, dass schon nach Stunden oder jedenfalls wenigen Tagen eine staatliche Maßnahme wiederaufgehoben werden müsste. So funktioniert Gewaltenteilung – auch und vor allem in Zeiten der Not.

Gewaltenteilung gibt es auch in vertikaler Hinsicht, auch wenn das nicht nur in Krisen gern vergessen wird. Kommunalpolitik, auch Landespolitik gilt in der allgemeinen Wahrnehmung eher als nachrangig. Dabei ist es umgekehrt: Demokratie gibt es nur von unten. Die Kommunen haben das Recht, alle Angelegenheiten der örtlichen Gemeinschaft in eigener Verantwortung zu regeln. Die Länder haben grundsätzlich das Recht zur Gesetzgebung; sie sind es auch, die grundsätzlich für Katastrophenschutz und für die allgemeine Gefahrenabwehr zunächst zuständig sind. Das zeigt sich auch bei einem Einsatz der Bundeswehr, wie er etwa bei der Bekämpfung der Vogelgrippe schon vorkam. Die Streitkräfte leisten Amtshilfe. Im Fall einer regionalen Katastrophe kann das davon betroffene Bundesland Soldaten anfordern; sind mehrere Länder betroffen, kann die Bundesregierung von sich aus die Bundeswehr einsetzen, um die Polizeien der Länder und die Bundespolizei zu unterstützen. Das kann auch präventiv geschehen, aber erlaubt ist eben nur, dass die Bundeswehr den Ländern „zu Hilfe" eilt.

Nur wenn eine Krise über die erste Ebene hinausgeht, ist die nächste zuständig – wenn das Problem dadurch besser gelöst werden kann. So sieht es auch das europäische Prinzip der Subsidiarität vor, das allerdings auch in der EU eher stiefmütterlich behandelt wird. Natürlich ist angesichts der Corona-Pandemie auch der Bund gefragt. Er ist unter anderem der Ansprechpartner nach außen. Die Gewaltenteilung gilt für die Bundesregierung aber dennoch – nicht nur die im Bund, sondern auch die im Verhältnis zu Ländern und Kommunen. Schon Koordination und Information sind wichtige Aufgaben für den Bund. Hier stehen die Anzeigen der Bundesregierung in erfreulich-nüchternem Kontrast zu den zu Beginn der Krise an die Wand gemalten Szenarien: Händewaschen als erste Bürgerpflicht.

Auch wenn Sicherheitsfachleute aller Art insgeheim bisweilen mit Bewunderung auf Staaten wie China mit ihren autoritären Möglichkeiten blicken: Nicht nur der Preis für die Freiheit des Einzelnen für ein angenommenes mehr an „Sicherheit" in solchen Regimen ist viel zu hoch. Ein gut eingespieltes föderales System mit Entscheidungsträgern auf allen Ebenen ist im Endeffekt auch effektiver als zentrale Befehlsstrukturen.

So hat der gute alte deutsche Föderalismus, Vorbild für Amerika und die Aufklärung, aber in Deutschland selbst geschmäht und durch mehrere Entflechtungsversuche und Verflechtungsreformen durchaus lädiert, eine Wiedergeburt erlebt. Die weltweite Corona-Pandemie, die viele Länder ähnlich traf, brachte den unmittelbaren Vergleich. Die Selbständigkeit auch der unteren staatlichen Ebenen, die eigentlich ja nicht unten stehen, sondern für die örtlichen Angelegenheiten zuständig sind, die starke Stellung der Landräte und die vielen Betten in den alten Kreiskrankenhäusern, diese insgesamt dezentralen, kräftigen Strukturen – gerade auch sie haben den Unterschied gemacht und zwischen Leben und Tod entschieden.

DER MENSCH
UND SEINE RECHTE

DARF MAN NOCH ALLES SAGEN?

Bei all dem steht der Mensch im Zentrum, das ist der Anspruch des Grundgesetzes. Die unantastbare Würde des Menschen steht an seinem Anfang. Staatliche Strukturen sind kein Selbstzweck, sondern müssen letztlich dem Einzelnen dienen. Genau das unterscheidet das Grundgesetz von früheren deutschen Verfassungen, erst recht von der NS-Diktatur und auch von der Ordnung der DDR. Die Wiedervereinigung, die Vollendung der staatlichen Einheit Deutschlands, wäre undenkbar gewesen, ohne den Willen der Deutschen in der DDR. Ihre machtvolle Mahnung „Wir sind das Volk", aus der später „Wir sind ein Volk" wurde, brachte die beiden Staaten zusammen. Die DDR-Führer, die Mitglieder des SED-Politbüros, bekamen zu spüren, was es heißt, wenn man Freiheitsrechte in eine Verfassung schreibt und völkerrechtliche Vereinbarungen unterschreibt, die dann nur auf dem Papier stehen. Sie wurden nach der Wiedervereinigung wegen der Todesschüsse an der Mauer strafrechtlich belangt. Auch die einstigen DDR-Bürger mussten freilich lernen, dass die Bundesrepublik ihre eigenen Gesetze, ihr eigenes Narrativ, ihre eigenen Tabus hat.

Darf man wirklich über alles Witze machen? Muss der Bürger im freiheitlichen Staat alles ertragen, darf er alles sagen? Nein, auch in Deutschland nicht. Abgesehen vom kaum angewandten Blasphemieverbot und persönlichen Ehrverletzungen gibt es auch hierzulande eine Art Sonderrecht, das die Meinungsfreiheit einschränkt. Wer den Nationalsozialismus und seine Verbrechen billigt, kann sich strafbar machen. Das Bundesverfassungsgericht sieht die Bundesrepublik Deutschland als „Gegenentwurf" des „sich allgemeinen Kategorien entziehenden Unrechts und des

Schreckens, die die nationalsozialistische Herrschaft über Europa und weite Teile der Welt gebracht hat".

Das ist nur zu verständlich – klar ist aber auch, dass sich der Erste Senat mit dieser Entscheidung sehr schwer getan hat. Gilt doch sonst in Karlsruhe eher die Maxime: im Zweifel für die Freiheit. Und so hebt der Beschluss vom November 2009 auch an, in dem es um die – immer wiederkehrenden – Demonstrationen in Wunsiedel anlässlich des Todestages des einstigen Hitler-Stellvertreters Rudolf Heß ging: Meinungen, so heißt es, lassen sich nicht als wahr oder unwahr erweisen. Sie genießen den Schutz des Grundrechts, „ohne dass es darauf ankommt, ob die Äußerung begründet oder grundlos, emotional oder rational ist, als wertvoll oder wertlos, gefährlich oder harmlos eingeschätzt wird". Die Bürger seien „rechtlich auch nicht gehalten, die der Verfassung zugrunde liegenden Wertsetzungen persönlich zu teilen." Das Grundgesetz baue zwar auf der Erwartung auf, dass die Bürger die allgemeinen Werte der Verfassung akzeptieren und verwirklichen, „erzwingt die Werteloyalität aber nicht". Das ist bemerkenswert mit Blick nicht nur auf den politischen Extremismus, sondern auch auf die Themen Einwanderung und Islam – sowie die Demonstrationen dagegen. Das Grundgesetz schützt nämlich auch Meinungen, „die auf eine grundlegende Änderung der politischen Ordnung zielen, unabhängig davon, ob und wie weit sie im Rahmen der grundgesetzlichen Ordnung durchsetzbar sind."

Das Grundgesetz vertraut auf die Kraft der freien Auseinandersetzung „als wirksamste Waffe auch gegen die Verbreitung totalitärer und menschenverachtender Ideologien." Ein starkes Wort. Dementsprechend fällt, auch nach Ansicht des Bundesverfassungsgerichts, sogar die Verbreitung nationalsozialistischen Gedankenguts nicht von vornherein aus dem Schutzbereich der Meinungsfreiheit heraus. Soweit vertraut das Verfassungsgericht bürgerschaftlichem Engagement und staatlicher Aufklärung.

Eine Ausnahme vom Grundsatz, dass es kein Sonderrecht gegen bestimmte Meinungen geben darf, machen die Karlsruher Richter dann aber doch: und zwar für Vorschriften, „die auf die Verhinderung einer propagandistischen Affirmation der nationalsozialistischen Gewalt- und Willkürherrschaft zwischen den Jahren 1933 und 1945 zielen." Das menschenverachtende Regime dieser Zeit, habe für die verfassungsrechtliche Ordnung der Bundesrepublik Deutschland eine „gegenbildlich identitätsprägende Bedeutung, die einzigartig ist und allein auf der Grundlage allgemeiner gesetzlicher Bestimmungen nicht eingefangen werden kann." Die Befürwortung der NS-Herrschaft sei in Deutschland ein Angriff auf die Identität des Gemeinwesens mit friedensbedrohendem Potenzial. Insofern sei sie mit anderen Meinungsäußerungen nicht vergleichbar „und kann nicht zuletzt auch im Ausland tiefgreifende Beunruhigung auslösen".

Die Karlsruher Richter des Ersten Senats heben gleichwohl hervor, dass der Schutz vor einer Beeinträchtigung des „allgemeinen Friedensgefühls" oder der „Vergiftung des geistigen Klimas" ebenso wenig ein Grund für einen Eingriff in die Meinungsfreiheit sein können wie der Schutz der Bevölkerung vor einer Kränkung ihres Rechtsbewusstseins durch totalitäre Ideologien oder eine offenkundig falsche Interpretation der Geschichte. Gleichwohl könne, wenn die nationalsozialistische Gewalt- und Willkürherrschaft gutgeheißen werde, grundsätzlich das Vorliegen einer Störung des öffentlichen Friedens vermutet und eine Versammlung untersagt werden.

Vor allem, wenn sie an einem so sensiblen Tag stattfinden soll wie dem der Befreiung des Vernichtungslagers Auschwitz. Der 27. Januar wurde vom früheren Bundespräsidenten Roman Herzog zum offiziellen Tag des Gedenkens an die Opfer des Nationalsozialismus bestimmt. Das Bundesverfassungsgericht sieht die öffentliche Ordnung betroffen, wenn an einem solchen Tag Rechtsextreme aufmarschieren wollen. Wenn von der Art und Weise der Versammlung Provokationen ausgehen, die das sittliche Empfinden der Bürger erheblich beeinträchtigen, kann eine Demonstration verboten werden.

Auch freiheitliche Staaten haben Tabus. Die Leugnung oder Verharmlosung des Holocaust ist strafbar. Auch hier kommt es aber ebenfalls darauf an, ob der öffentliche Friede gestört wird. Mit Freiheitsstrafe bis zu fünf Jahren oder mit Geldstrafe wird bestraft, wer den unter der Herrschaft des Nationalsozialismus begangenen Völkermord in einer Weise, die geeignet ist, den öffentlichen Frieden zu stören, öffentlich oder in einer Versammlung billigt, leugnet oder verharmlost. Das kann durchaus auch mit Haft ohne Bewährung bestraft werden – in Österreich ist die Bestrafung jeder Betätigung im Sinne des Nationalsozialismus noch strenger.

Das alles zeigt: Nicht nur Religionen haben etwas, das ihnen heilig ist. Tabus, an die nicht gerührt werden darf, pflegen auch freiheitliche Staaten – und übrigens auch Künstler und Satiriker. Wenn es nämlich nach ihrem Empfinden um die eigene Identität, die Existenz geht, ist auch Sonderrecht erlaubt. Das sollte man aber benennen in einer Zeit, in der gern Mut gefordert wird – und nicht so tun, als gelte die Meinungsfreiheit absolut.

Natürlich kann man grundsätzlich alles sagen. Die Frage ist nur, was daraus folgt. Es gibt keinen gelenkten „Mainstream", der darüber wacht, was man in Deutschland „noch sagen darf", wie gern von Leuten verkündet wird, die selbst den Gegenbeweis antreten: Niemand hindert sie zu behaupten, es gebe eine gelenkte öffentliche Meinung. Die Meinung ist frei, die Kunst ist frei, die Wissenschaft ist frei. Aber auch das ist eine recht klinische Sicht. Manche

Politiker und Medienmenschen sehen das gern nur durch ihre Brille. Aber es ist etwas anderes, ob man qua Amt oder aus einem geschützten Apparat heraus eine Linie verkündet oder etwa als junger Wissenschaftler, der noch berufen werden möchte, „querdenkt".

Und hier ist es erstaunlich, wenn die eigene Perspektive nur bis zur Grenze des Regierungsviertels reicht. Bundeswirtschaftsminister Peter Altmaier (CDU) hat in der Frankfurter Allgemeinen Zeitung auf Bernhard Schlink geantwortet, der an derselben Stelle auf der Seite „Staat und Recht" von einem „verengten Mainstream" sprach. Altmaier schreibt, es stimme nicht, dass ein nationalkonservativer Bürger, der auf dem Boden des Grundgesetzes stehe, in diesem Mainstream keinen Platz oder Schutzraum mehr habe. „Im Gegenteil: Deutschlandfahnen kann man heute überall hissen. Allein auf den Türmen des Reichstags wehen drei." Das staatliche beflaggte Parlament als Beispiel für einen breiten, offenen Mainstream? „Nicht nur WMs und EMs schwimmen in einem Meer aus Schwarz-Rot-Gold", schreibt Altmaier. Was er nicht schreibt: Nach diesen Flaggenorgien sind schnell so gut wie alle Fahnen wieder verschwunden. Und mehr noch: Bei Demonstrationen wie von „Pulse of Europe" oder „Unteilbar" ist Schwarz-Rot-Gold nicht erwünscht.

Die Deutschlandfahne gilt nämlich als nicht unproblematisch – bis hinauf zur Bundeskanzlerin. Als nach dem Wahlsieg 2013 der damalige CDU-Generalsekretär Hermann Gröhe mit einem kleinen Deutschlandfähnchen wedelte, eilte eine sichtlich verärgerte Kanzlerin herbei, entwand dem Getreuen das Fähnlein und entsorgte es im Publikum. Offenbar darf die CDU Deutschlands mit den deutschen Farben nicht mehr jubeln. Dabei handelt es sich ja nicht um die früher noch über manchen Schrebergärten flatternde Reichskriegsflagge, sondern um die Farben der Freiheit von 1813, 1848 und von Weimar.

Oder sollte es tatsächlich so sein, dass der ostentative Gebrauch der Bundesflagge durch manche AfD-Politiker dazu geführt hat, dass sich die Staatsspitze und die überkommenen staatstragenden Parteien nun für ihren Gebrauch schämen? Das käme geradezu einer Abdankung der Republik gleich. Was kommt als Nächstes? Die Nationalhymne? Schwarz-Rot-Gold steht für diese Republik und damit für Freiheit und Gleichberechtigung. Warum sollte man das verleugnen? Altmaier hat recht, dass die Gleichberechtigung noch nicht (überall) „realisiert" ist. Denn Gleichberechtigung bedeutet nicht Gleichmacherei; nur Gleiches muss auch gleich behandelt werden. Und führen wirklich, wie Altmaier in seinem Beitrag meint, „Rechte" und „einige Konservative" seit 1789 einen „verzweifelten Abwehrkampf gegen die Moderne", und haben sie dabei „Niederlage um Niederlage" erlitten?

Ja, die Geschichte ist eine Abfolge von Beharren und Fortschreiten. Doch lässt diese simple Rückschau außer Acht, dass die seinerzeit so empfundene „Moderne" auch Millionen Menschenleben gefordert hat. Es waren nicht zuletzt Konservative, die sich den fürchterlichen Bewegungen Lenins, Stalins Hitlers und Maos entgegengestellt haben.

Dass „rechts" historisch anders konnotiert ist als „links", ist klar. Aber wenn auch Konservative, „Nationalkonservative" als ewiggestrig und chronisch den guten Fortschritt aufhaltend dargestellt werden, dann bedeutet das auch einen Abschied vom Bürgertum. Denn der Bürger ist Teil einer Gemeinschaft – idealerweise von Freien und Gleichberechtigten. Diesem Ideal kommt die Bundesrepublik Deutschland ziemlich nahe. Wer diese Republik und die sie tragenden Werte abschaffen will, der soll gern ausgegrenzt werden. Wer sich aber zu ihr auch mit Symbolen bekennt, ist noch kein Verfassungsfeind. Feinde der Freiheit werden natürlich nicht zu ihren Freunden, weil sie Schwarz-Rot-Gold tragen. Aber Extremisten dürfen die Hoheit weder über staatliche Symbole noch über das Sagbare erhalten.

Es ist weder unbürgerlich noch unmodern, darauf hinzuweisen, dass die Europäische Union ihre Legitimation aus ihren Völkern bezieht, dass die Verbindung von Mann und Frau besonders geschützt werden darf und dass der freiheitliche Staat von einem Austausch der Meinungen, auch über Geschichte und Klimawandel, lebt, nicht aber von Sanktionen und staatlichen Weisheiten.

Im Grunde also gibt es nichts Undenk- oder Unsagbares. Wohl aber darf nicht alles in einer Weise und Form zum Ausdruck gebracht werden, die den öffentlichen Frieden stören können. Wenn dieser Frieden gewahrt bleibt, wenn Minderheiten geschützt sind, dann gibt es eigentlich keine Tabus.

FREIHEIT VON DER WIEGE BIS ZUR BAHRE

Die Wiedervereinigung wäre auch daran letztlich wohl nicht gescheitert. Aber das unterschiedliche Abtreibungsrecht war eine echte Hürde für die deutsche Einheit. Der Kompromiss: Das DDR-Recht – eine Fristenlösung – blieb zunächst in Kraft. Doch faktisch hatte auch die Bundesrepublik eine Fristenlösung – und hat sie noch. Das war auch nach der Wiedervereinigung lange in Vergessenheit geraten. Doch der Streit um den Beginn des Lebens kochte wieder hoch, als es um das Werbeverbot für Schwangerschaftsabbrüche ging.

Wollen Sie das Kind behalten?" Diese Frage stellen manche Frauenärzte als Erstes nach der Feststellung einer Schwangerschaft. Nicht nur in sozialen Brennpunkten, sondern in Praxen in besten Wohnlagen. Die Frage richtet sich an Frauen und Paare, die schon Kinder haben und sich offenkundig nicht in einer Notlage befinden. „Wollen Sie das Kind behalten?" Der Abbruch der Schwangerschaft als erste Option. Das ist vielleicht nicht so gemeint, läuft aber der Rechtslage in Deutschland klar zuwider. Der Schwangerschaftsabbruch ist rechtswidrig, kann aber straflos sein. Werbung dafür ist bei Strafe verboten. Deshalb war eine Ärztin zu einer Geldstrafe verurteilt worden; auf ihrer Website war das Wort „Schwangerschaftsabbruch" als Teil ihres Leistungsspektrums angezeigt. Dieses geltende Recht wollen nun SPD, Grüne und Linkspartei, aber auch Politiker aus der Union wieder aufdröseln – und das Werbeverbot streichen.

Das Werbeverbot ist freilich nur ein Teil einer umfassenden Regelung. Es ist das Ergebnis eines harten Ringens und eines parteiübergreifenden Kompromisses. Die entscheidende Debatte im Jahr 1995 gilt zu Recht als eine der Sternstunden des Bundestages. Die SPD-Abgeordnete Inge Wettig-Danielmeier sagte damals, das „Jahrhundertthema Schwangerschaftsabbruch" könnte „eine Lösung gefunden haben". Die bis heute geltende Lösung lautet: Schwangerschaftsabbruch ist eine Straftat. Doch bleibt er straflos, wenn die Schwangere den Abbruch verlangt und dem Arzt eine Beratungsbescheinigung vorgelegt hat. Der Abbruch muss von einem Arzt vorgenommen werden, und seit der Empfängnis dürfen nicht mehr als zwölf Wochen vergangen sein. Der Arzt, der den Abbruch der Schwangerschaft vornimmt, ist laut Gesetz als Berater ausgeschlossen. Die Beratung „dient dem Schutz des ungeborenen Lebens". Sie muss demnach von dem Bemühen geleitet sein, die Frau zur Fortsetzung der Schwangerschaft zu ermutigen und ihr Perspektiven zu eröffnen. Das Kind hat auch gegenüber der Frau ein eigenes Recht auf Leben. Nach der Rechtsordnung kommt deshalb, so der Wille des Gesetzgebers, ein Schwangerschaftsabbruch „nur in Ausnahmesituationen in Betracht".

Doch die Wirklichkeit sieht anders aus. Dabei ist völlig klar, dass die schwanger gewordene Frau schon per se in einer Ausnahmesituation steckt. Dem trägt auch das geltende Recht, das gewiss archaische Vorläufer hat, Rechnung. Die psychische Zwangslage der Mutter, die ihr nichteheliches Kind kurz nach der Geburt tötet, wurde gar bis 1998 auch hierzulande in einem besonderen Tatbestand privilegierend berücksichtigt. Seitdem werden die Mütter im Prinzip härter bestraft. Dabei gibt es gute Gründe für ihre Privilegierung, die auch im Abtreibungsrecht zum Ausdruck kommt. Die geltende Rechtslage ist im Grunde faktisch durch eine Fristenlösung mit Beratungspflicht gekennzeichnet – obwohl das Bundesverfassungsgericht eine Fristenlösung mehrfach verworfen hatte.

Frauen in Not dürfen nicht kriminalisiert werden. Sie sind schließlich durch eine Schwangerschaft in eine Lage versetzt, die ihr ganzes Leben verändert – während die Erzeuger oft durch Abwesenheit glänzen und häufig später nicht einmal Unterhalt zahlen. Aber die aktuelle Debatte zielt, wie auch im Wesentlichen die geltenden Strafnormen, auf die Ärzte, die Schwangerschaftsabbrüche vornehmen. Das Recht der Schwangeren, sich zu informieren und, wenn die Voraussetzungen vorliegen, einen Abbruch *lege artis* vornehmen zu lassen, steht außer Frage. Es ist nicht schwer, Ärzte zu finden, die Abtreibungen vornehmen.

Würde aber das Werbeverbot gestrichen, so hätte das weitreichende Konsequenzen für den Schutz des ungeborenen Lebens insgesamt. Erfreulicherweise nimmt die Zahl ab, aber immer noch werden in Deutschland im Jahr etwa 100.000 Schwangerschaften abgebrochen. Lebensschutz ist kein abstrakter Wert. Regelungen über Beginn und Ende des Lebens haben gesellschaftliche Auswirkungen: Das gilt für die Haltung gegenüber Behinderten, so sie denn überhaupt noch geboren und nicht abgetrieben werden, das gilt für Eingriffe in das Erbgut. Aus dem Schutz des Lebens ist der Anspruch auf Wunschkinder und auf einen selbstbestimmten Tod geworden. Schließlich wurde das Werbeverbot insoweit entschärft, als nunmehr Ärzte, Krankenhäuser und weitere Einrichtungen künftig – etwa im Internet – angeben dürfen, dass sie Schwanger-schaftsabbrüche vornehmen. Für weitere Informationen müssen sie allerdings auch künftig auf offizielle Stellen verweisen. Es bleibt jedenfalls heikel, wenn das Anpreisen von etwas erlaubt ist, das die Rechtsordnung unter bestimmten Voraussetzungen bisher unter Strafe stellt.

Hier geht es um Grundsätzliches am Beginn des Lebens, und der Umgang mit seinem Ende ist nicht minder umstritten. Von Selbst-mord spricht man heute nicht mehr. Denn Mord ist das schwerste Verbrechen. Also ein Verbrechen an sich selbst? Tatsächlich galt früher derjenige, der Hand an sich legte, zumindest als Sünder, der denn auch außerhalb der Friedhofsmauern bestattet wurde. Die Zeiten sind lange vorbei, aber dieses Gepäck tragen wir noch mit uns herum. So mancher ruft dem, der sich umbrachte, hin-terher: „Wie konnte er uns das antun?" Und eine (womöglich aussterbende) Minderheit fragt: „Liegt nicht unser Schicksal in höherer Hand?" Aber der Mensch ist frei – auch darin, seinem Leben ein Ende zu setzen. Das Bundesverfassungsgericht betont diese Autonomie so sehr, dass man schon wieder geneigt ist, daran zu zweifeln angesichts der vielen Verzweifelten, die sich das Leben nehmen. Wie frei waren sie, wie frei sind wir wirklich?

Doch der freiheitliche Staat muss vom freien Willen ausgehen. Und wenn es – natürlich – ein Recht gibt, ja Ausdruck der Würde des Menschen ist, über sein Ende zu verfügen, dann muss ebenso natürlich auch die Hilfe dazu straffrei sein. Strafbar wiederum ist die Tötung eines anderen auf dessen Verlangen. Die Grauzone ist nicht klein. Niemand kann einen körperlich Gesunden davon abhalten, aus dem Leben zu scheiden. Doch was ist mit denen, die dazu nicht in der Lage sind? Für Todkranke hat sich dazu eine Kasuistik entwickelt. Hier ist viel von der konkreten Lage und dem Personal abhängig. Und die anderen? Müssen die wirklich in die Schweiz reisen? Ist der Suizid etwas für Vermögende? Solche

Unterschiede wird man nie ganz ausbügeln können, und Deutschland muss erst einmal Regelungen für sich treffen. Das hatte der Gesetzgeber auch getan, indem er die geschäftsmäßige Hilfe zur Selbsttötung unter Strafe stellte. Eine Ausnahme galt für Angehörige und für diejenigen, die selbst nicht geschäftsmäßig handeln.

Gleichwohl hat der Zweite Senat des Bundesverfassungsgerichts Ende Februar 2020 einmütig das Verbot der geschäftsmäßigen Förderung der Selbsttötung für nichtig erklärt. Denn dieses Verbot mache einen assistierten Suizid faktisch weitgehend unmöglich. Man kann wahrhaftig nicht sagen, dass sich die Karlsruher Richter nicht Mühe gegeben hätten, diesen Grenzbereich zu durchleuchten. So wird auch ausdrücklich im Urteil erwähnt, dass in Ländern mit liberalen Regelungen zur Sterbehilfe ein stetiger Anstieg assistierter Selbsttötungen und von Tötungen auf Verlangen zu verzeichnen sei. Gleichwohl stellt Karlsruhe die Autonomie über alles andere. Aber wird das Selbstbestimmungsrecht der Sterbewilligen wirklich durch das Verbot nur der geschäftsmäßigen Sterbehilfe entleert?

Und was für eine Autonomie ist das? Erschütternd ist ein im April 2020 höchstrichterlich in den Niederlanden entschiedener Fall: Eine Frau, die an Alzheimer litt, erklärte schriftlich ihren Wunsch, im Falle einer starken Verschlechterung ihrer Lage Sterbehilfe in Anspruch zu nehmen. Das geschah dann auch durch eine Ärztin in einer Pflegeeinrichtung, ohne dass die Patientin sich noch einmal äußern konnte. Im Gegenteil, sie schien sich gegen ihre Tötung zu wehren; bekam ohne ihr Wissen Beruhigungsmittel. Zu ihrem Todeswunsch hatte sie sich zuletzt widersprüchlich geäußert. Die Ärztin, von der Staatsanwaltschaft wegen Mordes angeklagte, wurde jedoch freigesprochen: Ein weiteres Gespräch sei unnötig gewesen, weil die Patientin sich nicht mehr zusammenhängend habe äußern können. Alle vorgeschriebenen Sorgfaltspflichten seien eingehalten worden. Demnach ist Sterbehilfe dann straffrei, wenn die Patienten unerträglich und aussichtslos leiden, wenn sie freiwillig und gut informiert um Sterbehilfe gebeten haben. Doch kann man hier wirklich davon ausgehen? Im Zweifel für die Sterbehilfe? Dabei müsste es genau umgekehrt sein: Wenn der Wille nicht klar feststellbar ist, wenn es Zweifel gibt, so ist eine Sterbehilfe zu unterlassen.

Und es gibt gute Gründe, die geschäftsmäßige Hilfe zur Selbsttötung unter Strafe zu stellen. So richtig es ist, vom selbstbestimmten Individuum auszugehen: Die nun wieder mögliche geschäftsmäßige Sterbehilfe verstärkt den ohnehin vorhandenen Druck von hilfsbedürftigen Menschen, ihren Angehörigen nicht mehr länger zur Last zu fallen. Der Tod steht zwar ohnehin vor der Tür eines jeden Menschen. Aber nun werden die Mittel und Möglichkeiten leicht verfügbar sein. Die natürliche Schwelle, und auch die gehört zum freien Menschen, den letzten Schritt zu gehen, hat Karlsruhe abgeschliffen. Der Tod kommt jetzt frei Haus.

EHE FÜR ALLE?

Nicht um Leben und Tod geht es beim Lebenspartnerschaftsgesetz – wohl aber um eine wichtige Debatte über die Grundlagen des Zusammenlebens und durchaus um unser Leben in der Zukunft.

Am Anfang stand, und das muss rechtsstaatlicher Konsens sein, dass niemand aufgrund seiner sexuellen Orientierung diskriminiert werden darf. Daraus wurde die Frage, ob die Ehe nicht nur Mann und Frau offensteht, sondern auch Männern und Männern sowie Frauen und Frauen. Das Lebenspartnerschaftsgesetz führte, wie der Name schon sagt, einen neuen Begriff ein, seine Regelungen wurden aber – mit Billigung des Bundesverfassungsgerichts, immer mehr auf die Ehe zwischen Mann und Frau übertragen. Bis schließlich die „Ehe für alle" Gesetz wurde. Dabei ist die Verbindung von Mann und Frau für unsere Gesellschaft nach wie vor grundlegend. Vater, Mutter, Kind – das war einmal die Familie. Heute heißt es: Familie ist da, wo Kinder sind. Irgendwie jedenfalls. Das Bundesverfassungsgericht hat klargestellt: Vaterschaft und Elternschaft im Sinne des Grundgesetzes bestehen auch dann, wenn der eine Vaterschaft anerkennende Mann weder biologischer Vater ist noch eine sozial-familiäre Beziehung zum Kind begründet hat.

Was bedeutet Vaterschaft dann überhaupt noch, was Elternschaft? Das sind schwierige Fragen, nicht nur für Autoren, Ahnenforscher und Unterhaltsfachleute. Tatsächlich geht es um eine Kernfrage der Politik: Welche Formen des Zusammenlebens werden besonders geschützt? Das Grundgesetz ist da recht klar: Ehe und Familie. Ebenso klar ist freilich, dass alle Institutionen dem gesellschaftlichen Wandel unterworfen sind, der sich dann auch im Recht spiegelt, jedenfalls spiegeln kann. Denn es ist Sache des Gesetzgebers, die Formen menschlichen Umgangs zu regeln, soweit das überhaupt möglich und wünschenswert ist.

In der Familienpolitik hat sich in Deutschland ein fundamentaler Wandel ereignet, der vom rot-grünen Gesetzgeber ausging, vom schwarz-gelben weitergetrieben und schließlich vom Bundesverfassungsgericht verstärkt und abgesegnet wurde. Es handelt sich um die nach und nach vollzogene Angleichung der gleichgeschlechtlichen Lebenspartnerschaft an die Ehe.

Natürlich bringt nicht jede Ehe zwischen Mann und Frau Kinder hervor. Doch ist sie nun einmal die einzige Verbindung, die auf natürliche Weise Kinder hervorbringt. Das darf der Staat schützen und fördern. Mann und Frau – das ist etwas anderes als Mann und Mann und Frau und Frau. Und deshalb darf diese Verbindung auch anders behandelt werden. Die Ungleichbehandlung von Ehe und gleichgeschlechtlicher Partnerschaft ist daher gut zu rechtfertigen – das ist keineswegs eine verbotene Diskriminierung.

Selbstverständlich muss der Staat gegen Diskriminierung vorgehen. Die schlägt Homosexuellen immer noch entgegen und ist daher strikt zu bekämpfen. Den Staat geht es im Übrigen überhaupt nichts an, wer wie mit wem lebt. Sehr richtig hieß es im Vertrag der großen Koalition: „Wir wissen, dass in gleichgeschlechtlichen Partnerschaften Werte gelebt werden, die grundlegend für unsere Gesellschaft sind."

Aber als Institut grundlegend für unsere Gesellschaft ist nur die Verbindung von Mann und Frau. So entstehen Kinder, und Kinder profitieren davon. Auch in anderen Verhältnissen können Kinder behütet aufwachsen; das war immer schon so. Nur sollte die Patchwork-Begeisterung nicht darüber hinwegtäuschen, dass Kinder im Prinzip bei Vater und Mutter am besten aufgehoben sind. Ehe und Familie werden nicht zufällig in einem Atemzug genannt. Die Stärkung der Rechte des leiblichen Vaters und der Anspruch anonym gezeugter oder adoptierter Kinder, ihre biologischen Eltern kennenzulernen, bezeugen das.

Das Kindeswohl wird oft nur vorgeschoben, um (Gruppen-)Interessen von Erwachsenen zu bedienen. Was unter dem Banner des Minderheitenschutzes daherkommt, ist nicht selten Klientelpolitik. Dabei hat niemand einen Anspruch auf Kinder, selbst wenn der technische Fortschritt vieles möglich macht.

Aus guten Gründen ist Leihmutterschaft in Deutschland verboten. Noch. Denn deren Zulassung wäre die Konsequenz einer vollkommenen Gleichstellungspolitik. Es ist kein Wunder, dass zurzeit so vehement über die Darstellung von Sexualität in der Schule gestritten wird. Hier geht es nicht um Sexualmoral; dazu mögen sich Kirchen äußern, gar ihre Anhänger befragen. Offenheit gegenüber allen Lebensformen sollte selbstverständlich sein. Die Frage ist aber, ob der Staat alle Verbindungen gleich fördern muss – oder nicht vor allem diejenige, die ihm das Grundgesetz als besonders zu schützen vorgibt, weil sie seinen Bestand sichert. Darum geht es nämlich: um die Zukunft.

Die mittlerweile beschlossene „Ehe für alle" war über Nacht und durch eine Äußerung der Bundeskanzlerin auf dem Sofa der Frauenzeitschrift „Brigitte" zur Gewissens- und Gretchenfrage nahezu aller Parteien mutiert: Wer nicht zustimmt, ist nicht koalitionsfähig. Dabei ging es gar nicht um Krieg und Frieden, sondern um das Schleifen eines Instituts, das nicht nur in den Köpfen vieler Menschen für die Verbindung von Mann und Frau steht. Davon geht auch das Grundgesetz aus. Es gab keineswegs eine Pflicht, die Ehe für alle zu öffnen. Im Gegenteil, man muss die Frage stellen: Handelte es sich um einen Verfassungsbruch? Jedenfalls zeigen sich die Vollstrecker eines vermeintlich zwingenden gesellschaftlichen Fortschritts einerseits ahnungslos, andererseits erstaunlich zaghaft und mutlos. Denn sie trauten sich nicht, Ernst zu machen – und die Verfassung zu ändern. Im Grundgesetz, zur Erinnerung, steht weiterhin: „Ehe und Familie stehen unter dem besonderen Schutze der staatlichen Ordnung."

Wer kann eine Ehe eingehen? Was den Willen der Verfassungsmütter und -väter angeht, so gibt es keinen Zweifel. Und nicht nur das: Bis in die jüngste Vergangenheit hat das Bundesverfassungsgericht stets hervorgehoben, dass die Ehe ein „allein der Verbindung zwischen Mann und Frau vorbehaltenes Institut" ist. Die Karlsruher Richter haben freilich das Kunststück fertiggebracht, die nahezu vollständige Angleichung der gleichgeschlechtlichen Lebenspartnerschaft an die Ehe mitzutragen, obwohl im Grundgesetz von einem „besonderen Schutz" der Ehe die Rede ist.

Doch darf nicht vergessen werden: Die Lebenspartnerschaft ist, auch nach dem Willen des damaligen rot-grünen Gesetzgebers, etwas anderes, sie ist ausdrücklich keine Ehe. So hatte der Bundesgerichtshof entschieden, dass Lebenspartner keinen Ehenamen führen können: Die Verfassung gebiete es nicht, dass gleichgeschlechtlichen Partnern auch die Ehe offenstehen müsse. Deshalb war eigentlich der Gesetzgeber gefragt – der verfassungsändernde Gesetzgeber wohlgemerkt. Er hätte mit einer Zweidrittelmehrheit von Bundestag und Bundesrat das Grundgesetz ändern müssen, um die „Ehe für alle" zu etablieren.

Doch die große Koalition des Gewissens traute sich das nicht und wählte einen anderen Weg: die Neuinterpretation des Grundgesetzes durch ein einfaches Gesetz. Soll das etwa Schule machen? Zwar kann der Gesetzgeber etwa auch Inhalt und Schranken des Eigentums durch Gesetz neu bestimmen. Doch hier ging es um eine gesellschaftliche Umwälzung.

Noch bei der Einführung des Lebenspartnerschaftsgesetzes wurde allenthalben betont, der Ehe werde doch überhaupt nichts genommen. Das Bundesverfassungsgericht befand, der Ehe drohten „keine Einbußen durch ein Institut, das sich an Personen wendet, die miteinander keine Ehe eingehen können". Und ist es nicht egal, wer eine Ehe eingehen darf? Doch ist die Ehe die einzige Verbindung, die darauf gerichtet ist, auf natürliche Weise Kinder hervorzubringen. Dass viele Ehen, ungewollt oder gewollt, kinderlos bleiben, ändert nichts an der Schutzwürdigkeit dieses Instituts. Dass viele Kinder – meist notgedrungen – auch von Tanten, Onkeln, zwei Frauen oder zwei Männern liebevoll erzogen werden, ändert nichts daran, dass Kinder Vater und Mutter brauchen. Viele Menschen stehen dauerhaft füreinander ein, leben auch zusammen, ohne dass es einen Grund gibt, die Ehe auf sie auszuweiten.

Es ist ja kein Zufall, dass es im Grundgesetz (bisher) gerade nicht heißt: „Familie ist da, wo Kinder sind", sondern dass Ehe und Familie in einem Atemzug unter den „besonderen Schutz" der staatlichen Ordnung gestellt werden. Und weiter: „Pflege und Erziehung der Kinder sind das natürliche Recht der Eltern und die zuvörderst ihnen obliegende Pflicht. Über ihre Betätigung wacht die staatliche Gemeinschaft." Die Stärkung der Rechte des leiblichen Vaters und der Anspruch anonym gezeugter oder adoptierter Kinder, ihre biologischen Eltern kennenzulernen, bezeugen nur, was eigentlich jedem klar ist: Eltern sind Vater und Mutter.

Niemand hat einen Anspruch auf Kinder, selbst wenn der technische Fortschritt vieles möglich macht. Wem der überkommene Ehebegriff und seine Folgen zu biologistisch sind, der sollte auch die Leihmutterschaft hierzulande erlauben. In der Tat eine Gewissensfrage. Die Folgen dieses schon wieder fast vergessenen Umgangs mit unserer Grundordnung werden noch zu spüren sein.

GLEICHHEIT

WELCHE WIRTSCHAFTSORDNUNG?

Als im Mai 2020 die Linke Barbara Borchardt mit Hilfe von Union und SPD zur Landesverfassungsrichterin in Mecklenburg-Vorpommern gewählt wurde, war das offenbar für die überkommenen Volksparteien eher Routine. Nötig war eine Zwei-Drittel-Mehrheit, auch SPD und CDU wählten sie mit. Die Verhältnisse sind eben so, hieß es bei der Union; auch wenn spät und nach kritischer Berichterstattung noch eine maßvolle Schelte der Parteivorsitzenden folgte. Die neue Verfassungsrichterin ist bei der „Antikapitalistischen Linken", die vom Verfassungsschutz beobachtet wird. Borchardt wies darauf hin, dass das Grundgesetz nicht explizit eine kapitalistische Wirtschaftsordnung vorsehe. Und damit hat sie erst einmal recht. Im Grundgesetz steht nichts von Kapitalismus. Die Verfassung schreibt in der Tat keine konkrete Wirtschaftsordnung ausdrücklich vor. Auch die „soziale Marktwirtschaft" findet sich als Begriff nicht. Indirekt freilich schon. Aus der Zusammenschau der Staatszielbestimmungen und der Freiheitsrechte ergibt sich kein ungezügelter Kapitalismus, aber auch kein Kommunismus. Vielmehr eine freie Wirtschaftsordnung, in der die Freiheit des einen durch die Freiheit des anderen beschränkt wird – aber auch durch das Wohl der Allgemeinheit.

So ist das Eigentum ein Freiheitsrecht, das auch verpflichtet: „Sein Gebrauch soll zugleich dem Wohle der Allgemeinheit dienen", heißt es im Grundgesetz. Eine Enteignung ist demnach nur zum Wohle der Allgemeinheit zulässig. Sie darf nur durch Gesetz oder aufgrund eines Gesetzes erfolgen, das Art und Ausmaß der Entschädigung regelt. Die Entschädigung ist unter gerechter Abwägung der Interessen der Allgemeinheit und der Beteiligten zu bestimmen. Grund und Boden können zudem „zum Zwecke der Vergesellschaftung durch ein Gesetz, das Art und Ausmaß der Entschädigung regelt, in Gemeineigentum oder in andere Formen der Gemeinwirtschaft überführt werden."

Aber grundsätzlich wirtschaftet der Einzelne ohne Einfluss des Staates. Der Staat muss sich rechtfertigen, wenn er in das freie Wirtschaften eingreift.

Greift er zu wenig ein? Auch hier gibt es Fehlentwicklungen. „Erlaubt der Finanzmarkt auch eine Wette auf den Niedergang von Unternehmen und Staaten, ist diese Erwerbsquelle fragwürdig", schrieb etwa Paul Kirchhof im August 2019 in der F.A.Z. Die Elementarvernunft der Wirtschaft – ein wettbewerblicher Wertetausch – sei dann in ihr Gegenteil verkehrt. Und wenn etwa das Steuergesetz typisierend Gesellschaftsformen unterschiedlich belaste, an Eigen- und Fremdkapital unterschiedliche Rechtsfolgen knüpfe, „so ist die klassische Unterscheidung zwischen staatlich zugeteilter Gleichheit und vereinbarter Gleichheit neu zu treffen." Das Bundesverfassungsgericht beanstandet ein Gesetz schon dann als gleichheitswidrig, wenn es ohne Maß zu Steueroptionen einlädt. Auch in einer Welt- und Digitalwirtschaft bleiben die persönlich verantwortete Leistung und die frei entschiedene Nachfrage Kern des Wirtschaftssystems. Die Vertragsfreiheit ist ein grundlegendes Konstruktionselement unserer Rechts- und Gesellschaftsordnung.

So gibt der Leitgedanke der Freiheit die Antwort auf die Frage, ob das Grundgesetz ein bestimmtes Wirtschaftsmodell vorgibt. Er verpflichtet, wie stets, den Staat bei Eingriffen auf die Verhältnismäßigkeit und bindet das Erwerbsstreben in einer in den Worten Kirchhofs „dem Recht eigenen Kultur des Maßes, schützt einen Freiraum für Muße, Spiel, die Leichtigkeit des Seins".

Nun gibt es gewiss Entwicklungen, die den sozialen Frieden gefährden und das Nachdenken über eine Neujustierung unserer

Wirtschaftsordnung fördern. Oder in den Worten des Parlamentarischen Geschäftsführers der FDP-Fraktion, Marco Buschmann, in einem F.A.Z.-Interview Anfang August 2019: „Es gibt Vermögensunterschiede, die so obszön sein können, dass ein neuer Feudalismus droht." Doch da seien wir in Deutschland noch lange nicht. Viel problematischer sei es, „dass es in Deutschland immer mehr Menschen schwerer gemacht wird, sich selbst Vermögen durch eigene Leistung aufzubauen".

Das mag man auch anders sehen. Fest steht aber, dass eine Kommandowirtschaft der Enteignung, aber auch eine der Ausbeutung gegen das Grundgesetz verstößt.

VERGESELLSCHAFTUNGSPHANTASIEN

Nicht wenige glauben offenbar, es gebe ein Grundrecht auf billige Miete mitten in der Großstadt. Ein solches Recht existiert aber nicht. Und auch kein Anspruch darauf, dass Wohneigentum an Wert gewinnt. Gerade wer das Grundgesetz bemüht, sollte wissen, dass die Verfassung keinen Wunschzettel zur Lösung sozialer Fragen bietet, sondern einen Rahmen zur Entfaltung in Freiheit und Verantwortung.

Kein Zweifel: Das bedeutet gerade kein freies Spiel der Kräfte, insbesondere wenn es um Grund und Boden geht. Sie können gegen Entschädigung in Gemeineigentum überführt werden. Enteignungen sind „zum Wohle der Allgemeinheit" erlaubt – aber keineswegs eine beliebige Option. Zum einen müssten solche Eingriffe verhältnismäßig und überhaupt tauglich sein, um das Ziel zu erreichen. Bevor der Staat Eigentum wegnehmen darf, muss er sich fragen lassen: Gibt es nicht mildere Mittel, um einen Missstand zu beheben?

Hat etwa die Politik versagt? Was hat ihn ermöglicht, den „Mietenwahnsinn"? Und was änderte eine Enteignung? Sie „schafft keine einzige Wohnung", wie auch die damalige SPD-Vorsitzende Nahles in der Sozialisierungsdebatte über Berliner Wohnraum bemerkt hat. Wohnen war stets ein Grundbedürfnis. Deshalb gab die Weimarer Verfassung dem Staat auf, über Verteilung und Nutzung des Bodens zu wachen, und nannte das Ziel, jedem eine „gesunde Wohnung" zu sichern. Aber deshalb ist doch die „Vergesellschaftung", die aus Kriegswirtschaft und Sozialisierung hervorging, nicht die Antwort auf die heutige soziale Frage.

Das heißt nicht, dass man diesen Grundgesetzartikel unserer offenen Ordnung gleich streichen muss, wie es die FDP aus Anlass der Berliner Debatte geordert hat. Aber es gibt keinen Grund, ihn jetzt zu aktivieren. Nicht nur die Berliner Verfassung gewährt ein Recht auf angemessenen Wohnraum. Das ist Auftrag genug. Das Volksbegehren wird dazu zwingen, die eigene Wohnungsbaupolitik zu prüfen – wenn davon denn die Rede sein kann. Und es gibt genug Möglichkeiten, gegen Mietwucher im weiteren Sinn vorzugehen und Konzerne an die Kandare zu nehmen, die sich um den Satz „Eigentum verpflichtet" nicht scheren. Vergesellschaftung und Enteignung sind jedoch nicht das rechte Mittel der Wahl – und das falsche Signal. Es führt zu Abhängigkeits- und Anspruchsdenken mit einem kalten Hauch von DDR. Nicht nur Konzerne werden abgeschreckt. Jedermann sollte als potenzieller Investor und Eigentümer angesehen werden. Das Berliner Volksbegehren ist somit auch Wahlhilfe: Freiheit oder Gängelung.

Auch die Mietpreisbremse ist zweifellos ein Eingriff in das Eigentum. Die Regelung, die nach dem Willen von Union und SPD verlängert wird, gibt den Bundesländern die Möglichkeit, Mieterhöhungen zu begrenzen, und beschränkt damit das Grundrecht der Vermieter, über ihr Eigentum zu verfügen. Das bedarf der Rechtfertigung. Es liege, so das Bundesverfassungsgericht, im öffentlichen Interesse, „der Verdrängung wirtschaftlich weniger leistungsfähiger Bevölkerungsgruppen aus stark nachgefragten Stadtteilen entgegenzuwirken". Damit kommt aber lediglich zum Ausdruck, dass sich der Gesetzgeber im Rahmen seines – weiten – Spielraums daran gehalten hat, die Interessen der Eigentümer und die Belange des Gemeinwohls zu einem Ausgleich zu bringen.

Das ist auch die Aufgabe des Gesetzgebers. Karlsruhe muss darauf achten, ob die Grenzen des Grundgesetzes überschritten wurden. Ganz einfach liegt die Sache nicht; immerhin hielt das Berliner Landgericht die Mietpreisbremse für verfassungswidrig, wenn auch Karlsruhe eine ausreichende Begründung vermisste. Und obwohl die Verfassungsbeschwerde einer Betroffenen nicht zur Entscheidung angenommen wurde, hat die Kammer unter Vorsitz des Vizepräsidenten und früheren stellvertretenden CDU/CSU-Fraktionsvorsitzenden Harbarth die Bedeutung des Eigentums für den sozialen Rechtsstaat hervorgehoben, also für den Einzelnen wie für die Allgemeinheit. Dabei wird durchaus auch die Möglichkeit ins Spiel gebracht, dass die Mietpreisbremse die Wohnungsnot weiter verschärfen könnte. Nur ist sie eben nicht von vornherein untauglich – und das reicht aus verfassungsrechtlicher Sicht. Das Interesse an einer „durchmischten Wohnbevölkerung" in den Städten, also die Verhinderung einer Gentrifizierung, wird als wichtiger Gemeinwohlbelang anerkannt.

Klar ist aber auch – und das ist wichtig in einer Zeit, in der schon die Enteignung von Immobilieneigentümern ins Auge gefasst wird –, dass eine Regelung, die auf Dauer zu Verlusten für den Eigentümer, zu einer Gefährdung der Substanz einer Wohnung führen würde, nicht mit dem Grundgesetz vereinbar wäre. Das Eigentum ist nicht unantastbar: Es ist ein Kind seiner Zeit und kann geschaffen, beschränkt und auch entzogen werden, aber nur auf der Grundlage der beschlossenen freiheitlichen Ordnung – und nicht nach Gutdünken des Zeitgeistes.

Der Trend geht eher zu Gleichheit, weil Freiheit unbequemer ist. Wobei gegen Umverteilung als solche insofern nichts zu sagen ist, als jede finanzwirksame Regelung irgendwem Geld nimmt und einem anderen zukommen lasst. Auch liegt es auf den ersten Blick nahe, von „oben" nach „unten" zu verteilen, wobei im Zweifel niemand selbst oben sein will und man diejenigen auch nicht entmutigen sollte, die selbst Arbeitsplätze schaffen. Zu viel Gleichmacherei dürfte Innovationen ersticken und Pioniere für Neues vertreiben.

Andererseits kommt auch diesen Leistungsträgern eine Verantwortung zu. So kann man vieles gegen eine Vermögenssteuer sagen: dass sie ein Schlag gegen diejenigen sei, die wir so dringend brauchen, ein Würgemittel für Unternehmer, ungerecht, nicht praktikabel, nicht durchdacht, womöglich sogar verfassungswidrig. Sollte diese Steuer jemals wieder beschlossen werden, würde sie wohl abermals vor dem Bundesverfassungsgericht landen. Das ist der Gang der Dinge in einem demokratischen Rechtsstaat.

Natürlich kann man diesen Rechtsstaat jederzeit verlassen. Auch das ist Menschenrecht: die Ausreisefreiheit. Sie bedarf keiner Begründung. Und bisweilen versteht sie sich von selbst: Wenn am Horizont eine neue Diktatur aufscheint, wenn man Gefahren für Leib und Leben fürchtet, für die eigene Religionsgemeinschaft, für bedrohte Minderheiten, wenn man keine andere Möglichkeit mehr sieht – dann leuchtet es ein, das Land zu verlassen. Und es ist jedermanns gutes Recht, schon jetzt mit dem Wechsel ins Ausland zu drohen, um auf solche Gefahren hinzuweisen. Auch in diesen Fällen sollte man sich freilich fragen, ob ein Wegzug der richtige Weg ist und man nicht vielleicht mehr erreichen kann, wenn man bleibt und für Veränderungen kämpft.

Aber mit einem Wegzug drohen für den Fall eines demokratisch beschlossenen Gesetzes? Das hat der Gründer und Aufsichtsratsvorsitzende von SAP, Hasso Plattner, in einem Interview mit der Frankfurter Allgemeinen Sonntagszeitung vom Dezember 2019 getan. Plattner ist in seiner Generation einer der ganz wenigen Selfmade-Milliardäre, die Deutschland hervorgebracht hat. Einer, der noch dazu viele gute Arbeitsplätze, wirkliche Werte, geschaffen hat. Deshalb muss man sehr genau zuhören, was er zur Lage von Start-ups, zur Situation des Unternehmertums, zur Freiheit in diesem Land zu sagen hat. Sein Wort ist das eines Machers, es hat Gewicht.

Man kann in Plattners Drohung das Signal sehen, sich mit der Sache näher zu befassen. Aber wenn sie ernst gemeint ist, wenn er seine Drohung wahrmachen sollte – dann stellt sich die Frage nach seinem Demokratieverständnis. Denn demokratische Entscheidungen sind zu akzeptieren. Und vor allem handelt es hier nicht um neue Nürnberger Rassegesetze oder den Wiedergänger des Ermächtigungsgesetzes. Oder droht eine flächendeckende Enteignung, ein massiver Eingriff in das Eigentum gerade der Unternehmer? Selbst wenn – man könnte es verstehen, wenn ein junger Gründer die Befürchtung äußerte, er müsste seine Mitarbeiter entlassen und seinen Laden dichtmachen, sollte die Vermögenssteuer wie von der SPD geplant, kommen. Aber nein, Hasso Plattner klagte, in diesem Fall müsse er drei Prozent seiner Aktien verkaufen. Und das wohl jedes Jahr. Es stimmt, das hätte eine abschmelzende Wirkung auf sein Vermögen.

Aber dieser Plan ist doch noch nicht abgrundtief menschenrechtswidrig. Es gibt auch noch andere, echte Notlagen. Mit einer frühzeitigen Wegzugsdrohung macht man den Einsatz wahrer Streiter für das Recht lächerlich. Dabei braucht der demokratische Rechtsstaat gerade Menschen wie Plattner: erfahren und unabhängig. Sie müssen gegen schlechte Regeln mobil machen. Man kann erreichen, dass sie geändert werden. Parteien und Politiker kann man abwählen. Gerade im Zeitalter von Twit-

ter und Youtube zeigt sich, dass auch ein die Stimme einzelner
großes Gewicht haben kann. Aber eine Flucht vor demokratischen
Entscheidungen hat nicht nur etwas Undankbares. Sie ist auch
nicht unternehmerisch – sondern feige.

Auch wenn die Deutschen, freiheitsverwöhnt, auch der Gleichheit
einen hohen Stellenwert zuweisen, so bleibt bemerkenswert, dass
sie in dieser Hinsicht weitgehend dann doch nicht zu radikalen
Lösungen neigen. So haben auch die bisherigen Landesregierun-
gen, in denen die Linkspartei den Regierungschef stelle, nicht Ent-
eignungswellen losgetreten.

Das Grundgesetz hat sich als ausreichend elastisch erwiesen –
sowohl als Übergangsordnung in einem am Boden liegenden
Gemeinwesen als auch in einer prosperierenden Bundesrepublik,
als auch in einem wieder zusammenwachsenden Deutschland mit
einer Landeshälfte, die immer noch am Tropf hängt, im Zeitalter
von Globalisierung und Digitalisierung. Und die Deutschen zeigen
sich durchaus offen, allerdings eher für (wirtschaftliche) Gleichheit und Versorgung als für Liberalisierung und freies Unterneh-
mertum. Das hängt gewiss aber auch mit dem parteipolitischen
Angebot zusammen – mit einer im Osten Quasi-Volkspartei auf
der Linken und einer zwar bemühten FDP, der aber immer noch
eine gewisse Luftigkeit anhaftet, auf der liberalen Seite.

Zugleich entspricht die Versorgung und Absicherung nicht erst
seit Bismarck einer längeren Tradition. Hier ruht ein Element der
Gleichheit und des sozialen Friedens. Natürlich hat das auch seinen Preis: Leistungen wie die Grundrechte und die Debatte über
ein bedingungsloses Grundeinkommen, die ja von allen bezahlt
werden müssen, könnten darauf hindeuten, dass Freiheit erstickt
wird. Aber soziale Unruhen sind auch deshalb seit langem unbekannt. Diese Balance zu wahren, und das Gemeinwesen nicht zu
überfordern, bleibt eine zentrale Herausforderung.

RELIGION

EIN CHRISTLICHER CLUB?

Gegen den ungarischen Ministerpräsidenten Viktor Orbán lässt sich viel sagen – sein Demokratieverständnis, seine Behandlung von Justiz und Medien, seine Missachtung europäischer Werte. Etwas zu heftig war freilich die europäische Kritik an seiner Betonung der christlichen Wurzeln Europas. Das ist gewiss falsch, wenn er darunter eine geschlossene Gesellschaft versteht. Aber natürlich ist dieser Kontinent christlich geprägt. Der freiheitlich-säkulare Verfassungsstaat ist ohne Christentum so nicht denkbar. Das gilt gerade für Deutschland, für das Land der Reformation und für dessen Grundgesetz. Die christlichen Kirchen haben bisher faktisch eine Sonderstellung. Und die Präambel der Verfassung hebt an mit den Worten: „Im Bewusstsein seiner Verantwortung vor Gott und den Menschen ..."

Aber was folgt daraus? Wohl hatten die Väter und Mütter des Grundgesetzes einen christlichen Gott im Sinn. Doch hatten sie noch vieles andere aus ihrer Zeit im Sinn – und haben gerade nicht eine christliche Gottesordnung aufgestellt. Die Präambel ist vielmehr ein Hinweis auf die Fehlbarkeit des Menschen, eine Mahnung gegen absolute Staatsgewalt. Die Freiheitsrechte sprechen hier eine deutliche Sprache – von der Meinungs- bis zur Religionsfreiheit. Ihre Sprengkraft ist immens. Es ist eben kein Integrationsprogramm, denn jedermann darf für eine andere Ordnung eintreten, wenn niemand gehalten ist, die der Verfassung zugrundeliegenden Wertsetzungen zu teilen. Das Grundgesetz erzwingt keine Werteloyalität – wie will das ein freiheitlicher Staat auch versuchen? Die Verfassung schützt auch Meinungen, die auf eine grundlegende Änderung der politischen Umstände zielen, unabhängig davon, ob sie im Rahmen der grundgesetzlichen Ordnung überhaupt durchsetzbar sind.

Und die Religionen? Hier macht das Grundgesetz keine Vorgaben. Anders übrigens als den Parteien. Deren innere Ordnung muss demokratischen Grundsätzen entsprechen, sie müssen über ihre Mittel öffentlich Rechenschaft ablegen – und sie können verboten werden, wenn sie darauf ausgehen, die freiheitliche demokratische Grundordnung zu beeinträchtigen oder zu beseitigen.

Das alles gilt für Religionsgemeinschaften nicht – kein Wunder: Das ist eben eine andere Welt. Auch die christlichen Religionen sind keine Demokratie-Vereine, in denen die Grundrechte stets voll zur Geltung kommen. In der katholischen Kirche sind Frauen von bestimmten Ämtern ausgeschlossen. Das Grundgesetz schützt alle Handlungen, die von der eigenen Religion (Weltanschauung, Gewissen) verlangt werden. Das kann auch ein Satanskult sein, darunter kann auch der Genuss von Rauschgift fallen. Die Verfassung fragt schlicht nicht nach der Art der Religion, sondern schützt sie. Es gibt nur eine Schranke: die des Grundgesetzes. Wo also religiös motivierte Handlungen an die Grundrechte anderer oder an Werte von Verfassungsrang stoßen, da muss abgewogen werden. So ist eben das betäubungslose Schächten grundsätzlich verboten – eine Ausnahme gibt es nur im Fall von zwingenden Vorschriften der eigenen Religionsgemeinschaft. Klar ist: Das staatliche Recht geht vor. Das „Kirchenasyl" gibt ebenso wenig ein Aufenthaltsrecht, wie die Scharia eine Rechtfertigung für einen „Ehrenmord" sein kann.

In der Auseinandersetzung mit „dem" Islam ist deshalb die entscheidende Frage, um welchen Islam mit welchen Ansprüchen es sich handelt. Der Islam als blutig durchgesetzte Staatsreligion oder als Terrorideologie, die keinen anderen Glauben zulässt und Abtrünnige drakonisch bestraft, hat in Deutschland keinen Platz. Für den Staat bedeutet das: Seine Institutionen müssen genau(er) hinschauen, wer ins Land kommt, von wem eine Gefahr ausgeht. Wenn in bestimmten Moscheen zum Terror aufgerufen wird, müssen diese beobachtet werden. Religiöse Vereine und „Glaubensgemeinschaften", deren Ziel es ist, die freiheitliche demokratische Grundordnung gewaltsam abzuschaffen, müssen verfolgt und verboten werden.

Doch bei allen Schwierigkeiten und Parallelgesellschaften: Die Integration und Einhegung zahlreicher Glaubensrichtungen ist in Deutschland mit seinen vier Millionen Muslimen, davon etwa zwei Millionen mit deutscher Staatsangehörigkeit, bisher nicht schlecht gelungen. Keine Frage auch, dass Muslime zu Deutschland gehören. Der Satz „Der Islam gehört zu Deutschland", für den die Bundeskanzlerin noch Anfang des vergangenen Jahres aus der eigenen Fraktionsführung entschiedenen Widerspruch zu hören bekam, muss einstweilen als Aufforderung zu gemeinsamen Anstrengungen verstanden werden. Das richtet sich an den islamischen Religionsunterricht und an die islamische Theologie an Universitäten. Einige muslimische Organisationen sind auf Länderebene schon Körperschaften des öffentlichen Rechts.

Jede Religion ist frei – aber nur in den Grenzen des Grundgesetzes. Das ist gewiss ein Wagnis, das Wachsamkeit erfordert. Aber Freiheit ist stets ein Wagnis, Freiheit in Selbstverantwortung ist auch ein christliches Wagnis. Diese Freiheit und ihre Grenzen zu schützen ist Aufgabe des Staates. Für Zwang und Gewalt ist das Grundgesetz nicht offen. Aber letztlich entscheidet jeder darüber mit, was davon bleibt und wie das Land sich ändert.

DER STAAT UND DAS KOPFTUCH

Das zeigt sich auch im Streit um das Kopftuch. Was geht es den Staat an, was seine Bürger anziehen? Einiges. Jedenfalls halten es wohl viele für selbstverständlich, dass man nicht überall ganz ohne Kleidung herumlaufen darf. Auch aus dieser „natürlichen" Lebensweise lässt sich eine Weltanschauung machen – ihr

Ausleben kostet in unseren Breiten trotzdem ein Bußgeld. Und in manchen Landtagen und Stadien ist das Tragen von Bekleidungsmarken, die auch und vor allem von Rechtsextremisten genutzt werden, untersagt worden.

Doch grundsätzlich geht es den freiheitlichen Staat nichts an, was seine Bürger tragen, treiben, meinen und glauben. Das ist ja gerade sein konstitutives Element. Solange er die Rechte anderer oder grundlegende Normen des Zusammenlebens nicht verletzt, kann ein jeder tun und lassen, was er will. Die Menschenrechte hat jeder; sie sind unveräußerlich. Für den Rechtsstaat wird es aber buchstäblich immer wieder dann spannend, wenn sie von Minderheiten geltend gemacht werden. Wer sich (gerade) in der Mehrheit befindet, ist schon durch sie geschützt. Aber die Verfemten, die Ausgestoßenen, die Neuen, die mit dem fremden Äußeren und den widerlichen Ansichten – auch und gerade sie genießen Grundrechtsschutz.

Extremisten sind deshalb exzellente Kenner der Rechtsprechung des Bundesverfassungsgerichts etwa zur Versammlungsfreiheit. Sie organisieren ihre Veranstaltungen bewusst am Rande des gerade noch Erlaubten – und obsiegen in Karlsruher Eilverfahren regelmäßig über Verwaltung und Fachgerichte. Ähnlich geschickt lässt sich auch die Religionsfreiheit ausnutzen. Sie wird vom Grundgesetz vorbehaltlos gewährt, kann also durch einfaches Gesetz nicht eingeschränkt werden. Die Freiheit des Glaubens und der Weltanschauung ist eine – mit Recht – radikale Angelegenheit: Denn hier gibt es kein Richtig und kein Falsch.

Jeder darf sein Verhalten ganz und gar an seinem Glauben ausrichten. Der Staat darf niemanden wegen dieses seines Glaubens verfolgen, auch grundsätzlich keinen Einfluss auf weltanschauliche Überzeugungen nehmen. Die Neutralität des Staates in Fragen der Religion und Weltanschauung ist die Folge der religiösen Freiheit des Einzelnen. Deshalb müssen alle Religionen grundsätzlich gleich behandelt werden, deshalb dürfen Staatsdiener nicht als Lehrer oder Polizisten für eine bestimmte Religion oder Weltanschauung werben. Dieser Schutz lebt freilich davon, dass er nicht missbraucht und dadurch ausgehöhlt wird. Die ordnungsgemäße Ausübung von Rechten kann zwar nicht mit Missbrauch gleichgesetzt werden. Aber die gezielte Inanspruchnahme oder gar das Vorschieben von grundrechtlicher Freiheit können das Land verändern.

Warum sollte etwa ein muslimischer Schüler nicht die Gelegenheit haben, in einer deutschen Schule zu beten? Das Berliner Verwaltungsgericht wollte ihm das einst gestatten; die Schule sah keine andere Möglichkeit, als dem Jungen hierfür einen Raum zur Verfügung zu stellen. Das Bundesverwaltungsgericht bekräftigte das Recht jedes Schülers zum Gebet. Ein öffentliches Gebet ist demnach jedoch verboten, wenn es den Schulfrieden gefährde. Der Staat kann schließlich nur dann ein friedliches Zusammenleben gewährleisten, wenn er selbst neutral bleibt. Und solange nicht zu viele Schüler während der Unterrichtszeit ihre vermeintlichen rituellen Rechte entdecken.

Das Ziel eines friedlichen Zusammenlebens ist kein Zeichen einer Unterdrückung der Minderheit durch die Mehrheit. Es kommt eben auf die Art und Weise an, wie Religion geäußert wird. So hat der Europäische Gerichtshof für Menschenrechte zu Kruzifixen in italienischen Klassenzimmern entschieden, die „dominante Sichtbarkeit" der christlichen „Mehrheitsreligion" in der schulischen Umgebung Italiens sei keine Indoktrinierung. Denn ein an der Wand angebrachtes Kruzifix müsse als „ein seinem Wesen nach passives Symbol" betrachtet werden. Auf ähnliche Weise nahmen die Straßburger Richter anlässlich des französischen Burka-Verbots auf die Mehrheit Rücksicht: Zwar könne solch ein absolutes Verbot exzessiv erscheinen, zumal auch in Frankreich nur wenige

Frauen voll verschleiert seien. Doch geht es hier um den „Mindeststandard der Werte in einer offenen demokratischen Gesellschaft".

Deutschland geht mit guten Gründen einen anderen Weg als Frankreich, wo der Staatsrat immerhin das Burkini-Verbot aufgehoben hat. Aber es ist wichtig, die Mehrheitsgesellschaft nicht aus den Augen zu verlieren. Auch die ist keine feste Größe – und zu ihr gehören alle Gläubigen, die auf dem Boden des Grundgesetzes stehen. Der Staat darf seine – sich wandelnden – Sitten und Traditionen niemandem aufzwingen. Aber die Achtung einer vorgefundenen Leitkultur durch Neuankömmlinge ist überall selbstverständlich. Was als anstößig gilt, ist in erster Linie eine gesellschaftliche Frage. Womöglich gibt es mancherorts sogar zu wenig Verhüllung. Wenn es um Unterricht und Sicherheit geht, darf der Staat hingegen erwarten, dass der Bürger Gesicht zeigt. Und er kann und muss die im Auge behalten, die sich ganz bewusst in Symbole der Feinde der Freiheit kleiden – solange sie noch in der Minderheit sind.

Sind Lehrer Bannerträger für Weltanschauungen? Dann lebten wir in einem Obrigkeitsstaat. Die Kopftucherlaubnis des Bundesverfassungsgerichts von 2015 dient weder der Integration noch der offenen Gesellschaft. Vor allem aber missachtet die Entscheidung, nach der ein pauschales Kopftuchverbot für Lehrkräfte in öffentlichen Schulen mit der Verfassung nicht vereinbar ist, den Gesetzgeber und die Schule. Sie hilft noch nicht einmal muslimischen Lehrerinnen, die aus religiösen Gründen ein Kopftuch tragen. Denn Karlsruhe redet ihnen eine Rolle ein, die kein Lehrer in der Schule hat – Lehrer sind Staatsdiener.

Schon Angestellte in Privatunternehmen müssen sich einiges gefallen lassen: In manchen Firmen herrscht Duz-Zwang, in anderen muss man dunkle Anzüge tragen. In besonders kreativen Branchen herrscht Krawattenverbot, ist ein Bart gewissermaßen

Pflicht. Auch der Staat als Arbeitgeber macht Vorschriften: Polizisten dürfen nicht sichtbar tätowiert sein und nicht zu viel Metall im Gesicht herumtragen. Da geht es auch um Sicherheit, vor allem aber darum, dass jeder Beamte und auch jeder Angestellte im öffentlichen Dienst den Staat verkörpert. So tritt er dem Bürger gegenüber. Das gilt auch für Lehrer.

Im öffentlichen Raum kann jeder, auch jeder Staatsdiener, weitgehend tun und lassen, was er will – solange er andere dabei nicht belästigt. Aber die öffentliche Schule ist nicht der öffentliche Raum. Sie ist zunächst eine Zwangsveranstaltung. Es herrscht Schulpflicht; die wird notfalls von der Polizei durchgesetzt. Die Kinder können also den Lehrern nicht entkommen. Deshalb greift es zu kurz, etwa im nordrhein-westfälischen Schulgesetz eine Art Berufsverbot für muslimische Lehrerinnen zu sehen.

Wer sich für diesen Beruf entscheidet, gibt natürlich nicht seine Grundrechte an der Schulpforte ab. Aber er muss wissen, worauf er sich einlässt: Das Klassenzimmer ist nicht der Ort zur freien Entfaltung der persönlichen Bekenntnisse der Lehrkraft. Sie repräsentiert vielmehr den auf Neutralität verpflichteten Staat. Das heißt: Der Lehrer darf die Schule nicht dazu benutzen, um für eine politische Partei Propaganda zu machen, und er darf dort auch nicht Werbeträger einer Religion sein; auch nicht einer sonstigen Weltanschauung, die etwa plausibel vorschriebe, einen Stahlhelm oder gar keine Kleidung zu tragen.

Die Schule ist auch ein Ort der Diskussion; an den persönlichen Anschauungen des Lehrers und der Schüler können sich wertvolle Debatten entzünden. Eine religiöse Kleidung kann dazu anregen. Aber hier geht es – trotz des weiten Schutzbereichs der Religionsfreiheit – eben nicht primär um die Selbstverwirklichung des Lehrers. Er muss vielmehr, als staatliche Autorität mit einiger Macht, die Grundrechte der Schüler (und ihrer Eltern) schützen.

Der Lehrer wird mit seinem Amt in die Lage versetzt, gleichsam anstelle der Eltern auf die ihm anvertrauten Schüler Einfluss zu nehmen. Damit verbunden ist eine Einschränkung des ebenfalls grundrechtlich garantierten Erziehungsrechts der Eltern. Diese Einschränkung kann nur hingenommen werden, wenn sich die Schule um größtmögliche Neutralität bemüht.

Ein von einer Lehrerin getragenes Kopftuch ist zweifellos geeignet, in die Religionsfreiheit von Schülern und Eltern sowie in das Erziehungsrecht der Eltern einzugreifen. Das Kopftuch ist die Demonstration einer religiösen Überzeugung, der sich die Schüler nicht entziehen können. Das sah übrigens auch die Karlsruher Senatsmehrheit im Kopftuchurteil von 2003 so, welche die Landesgesetzgeber zum Handeln aufforderte (damals ging es um eine Beamtin). An dem Befund hat sich nichts geändert – und die Landesgesetzgeber haben gehandelt. Nordrhein-Westfalen hat ein pauschales Verbot ausgesprochen, was im Übrigen zahlreiche Fachleute in den Anhörungen der Landtage als möglich angesehen hatten. Es entspricht eigentlich auch der Tradition des Bundesverfassungsgerichts, in solchen mehrpoligen Grundrechtsverhältnissen dem Gesetzgeber viel Spielraum zu geben und ihm nicht zu stark „hineinzuregieren". Selbstverständlich durfte deshalb der nordrhein-westfälische Landtag abstrakt und vorbeugend Beeinträchtigungen der Schüler ausschließen.

Wenn Karlsruhe fordert, dass ein Kopftuchverbot nur im Fall einer konkreten Gefahr der Beeinträchtigung des Schulfriedens oder der staatlichen Neutralität gerechtfertigt werden kann, so führt das zu neuem Unfrieden. Was tut man den muslimischen Lehrerinnen an, wenn man auf Elternproteste und Unruhe im Kollegium wartet, um ihnen das Tragen der religiösen Kopfbedeckung zu untersagen? Nein, jeder, der in den Schuldienst will, muss von vornherein wissen, woran er ist.

Stattdessen werden jetzt die Schulen leiden. Schwerwiegende Konflikte werden dort abgeladen. Als hätten die Lehranstalten nicht schon genug zu tun; ihnen wird schon bis hin zur Suizid-Früherkennung alles aufgebürdet, was früher einmal selbstverständliche Aufgabe der Eltern war. Und die so wichtige Freiheit des Glaubens? Erst der neutrale Staat ermöglicht sie. Klare, auch äußere religiöse Bekenntnisse sind im Religionsunterricht möglich – und sogar dort verzichten viele Lehrkräfte darauf. Wer Lehrer zum Bannerträger für Weltanschauungen macht, redet einem Obrigkeitsstaat das Wort. Davon aber gibt es anderswo schon genug.

Vor dem Gesetz sind alle gleich. Deshalb muss der Staat neutral auftreten. Im Dienst für das Gemeinwesen kann man nicht jede Freiheit ausleben. Der Staatsdiener gibt seine Grundrechte nicht an der Tür zum Gerichtsgebäude ab. Aber er muss nach außen weltanschauliche Neutralität wahren. Das Tragen eines Kopftuchs steht damit nicht in Einklang, auch wenn es für muslimische Frauen aus ihrer Sicht ein zwingendes religiöses Gebot darstellt. So will es der hessische Gesetzgeber. Und so hat es das Bundesverfassungsgericht nun mit Recht bestätigt – dieses Mal nicht der individuellen Freiheit grenzenlosen Raum gebend.

Das dürften die allermeisten Bürger aller Konfessionen so sehen, die ein faires Verfahren erwarten. Auch wenn das Landesgesetz von der christlich und humanistisch geprägten abendländischen Tradition Hessens spricht, der angemessen Rechnung getragen werden müsse: Ein Staatsdiener, zumal in der Justiz, sollte weder mit einem übergroßen Kreuz noch in sonst einem religiösen Gewand, noch mit einem anderen gut sichtbaren weltanschaulichen Logo vor den Bürger treten. Das gilt auch für Referendare. Zwar befinden sie sich in der Ausbildung und müssen – auch um Rechtsanwalt zu werden – den juristischen Vorbereitungsdienst durchlaufen. Sobald sie dann im Sitzungsdienst als Staatsanwalt auftreten, repräsentieren sie den Staat.

Dieser Staat wäre nicht mehr glaubwürdig, wenn er äußerlich Partei ergriffe. Das müssen auch die Bundesländer bedenken, die womöglich ein Kopftuch in ähnlichen Fällen erlauben wollen. Die Justiz könnte dann ihre Aufgaben nicht erfüllen – zu denen gehört, alle Menschen vor dem Gesetz gleich zu behandeln. Nicht zu vergessen: Der Staat sollte auch integrieren. Indem er weltanschaulich neutral auftritt, verhält er sich offen für alle. Das Kopftuchverbot ist keine Diskriminierung von angehenden muslimischen Juristinnen, sondern wie die Robe erinnert es sie und jeden anderen daran, dass sie vor Gericht in staatlicher Funktion Freiheit und Gleichheit gewährleisten sollen.

Insgesamt gesehen geht Deutschland einen guten Mittelweg: Kein Kopftuchverbot im öffentlichen Raum, wohl aber grundsätzlich eins im Staatsdienst mit Außenwirkung. Damit sind tatsächlich denjenigen muslimischen Frauen, die eine solche Stellung anstreben und das Kopftuchtragen als zwingend betrachten, solche Positionen im Staatsdienst verwehrt. Aber nicht nur ihnen. Der Staatsdienst ist auch Christen verwehrt, die dort ein übergroßes Kreuz sichtbar tragen wollen. Deshalb kann man dieses Neutralitätspflicht des Staates nur bedingt als Integrationshemmnis für aufstrebende Frauen muslimischen Glaubens sehen, denn sie trifft alle Religionen und Weltanschauungen.

PFLICHT

DIENST FÜR JEDEN?

War es ein Ablenkungsmanöver der CDU oder eine überfällige Frage? Die im Sommer 2018 angestoßene Debatte über eine allgemeine Dienstpflicht hat das Gemeinwohl wieder in den Mittelpunkt gerückt. Gut, dass danach gefragt wird, was dieses Land ausmacht und was jeder dafür zu tun bereit ist. Die Antworten fallen gemischt aus. So meinte der FDP-Vorsitzende Christian Lindner, die junge Generation solle zum Opfer der Profilsuche der CDU werden. Recht hat er aber damit, dass ein solcher Dienst, in der Tat ein schwerwiegender Eingriff in die persönliche Freiheit, einer besonderen Rechtfertigung bedürfte. Diese könnte man, darauf weisen die Freien Demokraten selbst hin, in einer Bedrohung der Sicherheit Deutschlands finden. Sie war der Grund für die jahrzehntelange Wehrpflicht – und sie könnte auch einer für ihre abermalige Aktivierung sein. Die Welt ist heute eine andere, sicher ist sie nicht.

Doch es geht nicht nur um eine Wehrpflicht. Die staatsbürgerliche Pflicht kann auch weiter gefasst werden. Die Republik, die öffentliche Sache, gewährt dem Bürger einen Raum der Freiheit und des Rechts. Diesen Raum muss jeder Einzelne aber auch selbst sichern. Er muss sich engagieren, gerade für ein freiheitliches Gemeinwesen, das nicht durch Gewalt zusammengehalten wird. Scharnhorst hielt alle Bewohner des Staates für „geborene Verteidiger desselben". Aber es geht nicht nur um Verteidigung mit der Waffe in der Hand, sondern um einen Dienst am Gemeinwesen.

Einen solchen Dienst leisten schon jetzt zahlreiche junge Menschen freiwillig: Immer jüngere Schulabsolventen füllen jene Zeit, in der früher der Wehr- oder der Zivildienst abgeleistet werden musste, mit einem sozialen oder ökologischen Jahr, im

Rahmen des Bundesfreiwilligendienstes, mit einem freiwilligen Wehrdienst oder bei „work and travel" in anderen Ländern. Nun ist der Nutzen für die (hiesige) Gesellschaft nicht bei allen Aktivitäten immer gleich ersichtlich. Aber offenbar sind viele junge Leute nicht nur auf Erholungs-, sondern auch auf Sinnsuche.

Soll nun ausgerechnet der Staat Sinn stiften? Er ist nicht mehr der Staat Hitlers oder Honeckers, der die jungen Leute zwangsweise an die Hand nahm und nicht mehr losließ. Es ist ein freier Staat, der aber immerhin – anders als andere – auch eine allgemeine Schulpflicht kennt. Schon da geht es nicht nur um einen Erziehungsauftrag, sondern auch um Gleichheit, Toleranz und Gemeinschaft. Und immerhin berichten nicht wenige derer, die den Wehrdienst vorwiegend als „Gammeldienst" erlebt haben, über positive Gemeinschaftserlebnisse. Zunehmend untergraben wurde die Wehrpflicht freilich durch die fehlende Gerechtigkeit: Zuletzt wurde nur noch eine Minderheit der wehrpflichtigen jungen Männer eingezogen – eigentlich ein Unding.

Eine allgemeine Dienstpflicht für Männer und Frauen müsste hohe grundgesetzliche, völkerrechtliche und nicht zuletzt politische Hürden überwinden. Andererseits gibt es ein Bedürfnis vieler, unmittelbar nach dem Ende der Schulzeit etwas Sinnvolles zu tun. Zudem braucht der Staat händeringend helfende Hände: nicht (nur) im Sicherheitsbereich, auch bei der Feuerwehr, dem Technischen Hilfswerk sowie in der Pflege.

Könnte man nicht beides auf intelligente Weise zusammenführen? Warum nicht einen Anreiz zum Dienen setzen? Natürlich ist das nicht einfach. Der Staat wäre in der Pflicht, einen solchen Dienst interessant, nutzbringend und gerecht auszugestalten. Zum Beispiel, indem er großzügig Zeiten beim Warten auf einen Studienplatz anrechnet. Es müsste mit Vorteilen verbunden sein, wenn man seinen Dienst am Gemeinwohl abgeleistet hat. Einige junge

Leute werden sich auch für künftige Berufe begeistern lassen. Das war schon bei der Bundeswehr und auch im Zivildienst so. Selbst eine Dienstpflicht müsste nicht notwendigerweise der Idee eines freien Arbeitsmarktes zuwiderlaufen. Schließlich sollten die jungen Leute möglichst dort eingesetzt werden, wo sie gut wären und gebraucht würden.

Womöglich können sich so Eigeninteressen mit Marktinteressen und einer Identifikation mit diesem Land verbinden lassen. Die FDP setzt offenbar eher auf Einwanderung – sie wirft der Union vor, mit ihrem Vorstoß vom Versagen in der Verteidigungs- wie auch der Migrationspolitik ablenken zu wollen. Dieses Versagen gibt es, und es ist nicht auf die Union begrenzt. Aber sollten nicht erst einmal die Schätze im eigenen Land gehoben werden? Ein gemeinsames Dienen könnte auch der Integration von Minderheiten förderlich sein und der Entstehung von Parallelgesellschaften entgegenwirken.

Dass hier jeder etwas für die Gemeinschaft leisten sollte, wäre zugleich ein starkes Signal nach außen. Aber gewinnt man mit dem Gedanken des Dienens auch Wahlen? Wohl kaum, werden Marketingstrategen vielleicht sagen. Aber das macht diese Idee erst interessant. Allein die Debatte über das Dienen ist mindestens so wichtig wie „Gut leben in Deutschland"-Konferenzen. Und die FDP mag sich trösten: Wenn man sie denn für systemrelevant hält, könnte man dem Gemeinwohl auch bei notleidenden politischen Parteien, Automobilkonzernen oder Banken dienen. Oder gar dereinst in anderen europäischen Streitkräften. So könnte in der Tat eine europäische Armee entstehen. Doch davor steht der Dienst für das eigene Land, ohne den auch in Europa kein Staat zu machen ist.

BUNDESWEHR
UNTER GENERALVERDACHT

Aber wem dienen? Der Bundeswehr? Was aber, wenn sogar die politische Führung nicht mehr hinter den Streitkräften steht? Schon der Bildersturm, den Verteidigungsministerin Ursula von der Leyen, nun Präsidentin der EU-Kommission, 2017 entfachte, stellte die Soldaten der Bundeswehr unter einen haltlosen Generalverdacht. Warum war Leyen nicht sogleich eingeschritten, als damals der neue französische Präsident in Berlin empfangen wurde? Die Soldaten des Wachbataillons, die ihm zu Ehren antraten, präsentierten wie stets ihre Karabiner K98 – die Standardwaffe der Wehrmacht. Sollte nicht alles, was an die Wehrmacht erinnert, aus der Bundeswehr entfernt werden? Oder handelt es sich bei dem Gewehr, mit dem Millionen Deutsche im Krieg kämpften, um ein Stück Widerstand?

Auch die Verteidigungsministerin kann eben der Vergangenheit nicht entfliehen. Und auch nicht gegenwärtigen Tatsachen wie dieser: Die Bundeswehr zieht wie jede Armee (auch) Menschen an, die ein Faible für Hierarchien, Technik, Waffen und Uniformen haben. Man mag daraus schließen, die Streitkräfte seien strukturell anfällig für Rechtsextreme, wie es die Regierung nahelegt. Doch genauso gut könnten die Bischöfe klagen, die Kirchen zögen strukturell Kinderschänder an. Und in der Tat entdecken manche Meinungsmacher, die beide Organisationen nicht kennen, aber strukturell ablehnen, schon Parallelen.

Polizisten sind täglich im Einsatz; für Bewerber mögen auch die mit diesem Beruf verbundenen Sonderrechte ein Anreiz sein. Warum auch nicht? Sie dienen dazu, Menschen zu retten. Und das gilt auch für die Bundeswehr. Nur weil all diese vermeintlich strukturell Rechtsextremen oder dafür Anfälligen ihren Dienst tun, können „ungediente" Politiker und Publizisten sich über sie in Frieden und Freiheit echauffieren. Wenn aber schon ein bisweilen rauher Umgangston in der Ausbildung als Schikane oder ein Marsch bis zur Erschöpfung als unmenschlich gilt, dann könnte es bald mit Frieden und Freiheit vorbei sein.

Das lernt man in der Bundeswehr – es wird von vorn geführt. Da hilft auch zur Schau gestelltes „hartes" Durchgreifen in Form von Bauernopfern nichts. Einem Terrorverdacht in der Truppe nachzugehen, extremistische Umtriebe aufzuspüren und zu beenden, ist in der Tat eine Führungsaufgabe. Mängel fallen auf die gesamte politische Führung zurück, die nicht nur die Wehrpflicht gleichsam über Nacht ausgesetzt hat, sondern zudem die Illusion erweckt hat, die Bundeswehr sei ein Betrieb wie jeder andere.

Sie ist aber eine Armee. Eine Armee, die in einer langen Tradition steht, wie das Eiserne Kreuz als Hoheitsabzeichen auf Fahrzeugen, Flugzeugen und Schiffen bezeugt. Es geht auf die Befreiungskriege zurück. Die Feldjäger der Bundeswehr tragen den achtzackigen Gardestern mit dem Spruch „suum cuique" als Barettabzeichen. Das geht auf Friedrich den Großen zurück, der die reitende Feldjägertruppe gegründet hatte – eine frühe Form der heutigen Militärpolizisten. Dass der Satz „Jedem das Seine" als KZ-Inschrift missbraucht wurde, sollte kein Grund sein, jetzt alte Traditionen zu kappen. Das wäre ein später Sieg der Nationalsozialisten.

Die Wehrmacht kann, als Ganzes genommen, nicht traditionswürdig sein. Sie war Instrument im NS-Vernichtungskrieg, eine Armee also, die gerade nicht „anständig" geblieben war. Aber es hatte nicht nur pragmatische oder opportunistische Gründe, die Wehrmacht seinerzeit nicht zur verbrecherischen Organisation zu erklären. Denn auch der Soldat damals war nicht per se ein Verbrecher. Er war in der Regel aber auch nicht Widerstandskämpfer. Das Andenken an diese kleine Minderheit hält die Bundeswehr mit Recht hoch. Und doch ist es fragwürdig, wenn tatsächlich nur noch einzelne Taten im Widerstand traditionswürdig sein sollen. Widerstand ist zunächst einmal keine militärische Handlung. Der Soldat darf, wie jeder Beamte auch, menschenrechtswidrige Befehle nicht ausführen. Das ist eine zentrale Lehre aus dem Dritten Reich.

Aber in einer kämpfenden Truppe kann nicht nur Widerstand traditionswürdig sein. Persönliche Tapferkeit oder auch eine hervorragende Truppenführung in der Wehrmacht können auch heute noch anerkannt werden. Dafür wurde das Ritterkreuz verliehen. Darum sind Kasernen der Bundeswehr auch nach Soldaten der Wehrmacht benannt worden. Wie die in Delmenhorst nach dem jungen, mehrfach schwer verwundeten Feldwebel Diedrich Lilienthal, der als Panzerjäger und Geschützführer mehrere russische Angriffe abwehrte, im Alter von 23 Jahren fiel und in Riga seine letzte Ruhe fand. Die Namensgebung kann man auch als Mahnung verstehen, man kann sie erklären – auch wenn diese Entscheidung heute nicht mehr so getroffen würde. Die Kaserne soll nun auch umbenannt werden. Aber warum einen Namen tilgen, den kein Kriegsverbrecher trug und der letztlich für Millionen steht?

Noch im Jahr 2011 antwortete die Bundesregierung auf eine kleine Anfrage der Linksfraktion, sie halte es für „unangemessen, die Angehörigen der Wehrmacht pauschal zu verurteilen". Das geschieht aber heute – durch einen Bildersturm, der zugleich die aktiven Bundeswehrsoldaten unter einen haltlosen Generalverdacht stellt und damit in ihrer Ehre verletzt.

Rechtsextremismus ist wahrlich kein neues Phänomen. Gerade wenn man bedenkt, woher wir kommen. Das Grundgesetz ist der Gegenentwurf zur nationalsozialistischen Gewaltherrschaft. Und doch wurde auch die demokratische Ordnung aufgebaut durch zahlreiche Mitläufer, Täter, Verbrecher. Durch wen auch sonst? Sie wurden nicht alle zu guten Demokraten, alte Seilschaften hielten, doch die neue Ordnung hielt auch. Später standen der Linksextremismus und der Terrorismus der RAF im Zentrum der Aufmerksamkeit. Dabei war ein Bodensatz rechtsterroristischen Terrors immer vorhanden – er kam beim Anschlag auf das Münchner Oktoberfest 1980 zum Ausdruck – und wieder bei der Mordserie des NSU, den Anschlägen in Halle und Hanau und bei der Ermordung des Kasseler Regierungspräsidenten Lübcke.

Es bedarf offenbar einer neuen Kultur. Dafür ist es umso wichtiger, dass keine Organisation unter Generalverdacht gestellt wird. Antidemokraten und Rassisten sollte man eigentlich schon bei der Einstellung identifizieren können. In klaren Fällen muss ein eindeutiges Signal gesendet werden. Der Kameradschaft abträglich sind aber eine Verdachtskultur und chronische Schnüffelei. Und Kameradschaft muss sein. Ein alter Begriff, gewiss. Auf ihr beruht aber auch heute noch laut Soldatengesetz wesentlich der Zusammenhalt der Bundeswehr. Und die Polizei braucht Kameradschaft ebenso wie den Willen zum treuen Dienen und zur Achtung des Rechts. Wer sich das zur Aufgabe macht, ist ein Patriot. Er kann kein Extremist sein. Und ein Extremist kann kein Patriot sein.

Die Idee, das „Kommando Spezialkräfte" der Bundeswehr aufzulösen, ist immer eine Schnapsidee gewesen, sofern man darunter den Verzicht auf ebensolche Spezialkräfte versteht. Selbstverständlich aber sollte es sein, gegen Extremisten hart durchzugreifen. Offenbar hat das insbesondere das KSK ein fragwürdiges Eigenleben entwickelt, insbesondere eine Kompanie. Waffendiebstahl ist eine Straftat – und rechtsextreme Gesinnung muss zur Entfernung aus der Truppe führen. Da muss durchgegriffen werden. Aber „auf Bewährung" (so die Verteidigungsministerin) stehen verurteilte Straftäter, nicht ganze Einheiten der Bundeswehr.

Nicht vergessen werden sollte zudem, dass kleine „elitäre" Einheiten, die in geheimen Einsätzen besonders aufeinander angewiesen sind, Korpsgeist und Verschwiegenheit benötigen. Ihnen fehlt es – wegen der Geheimhaltung, aber nicht nur – an gesellschaftlicher Anerkennung.

Ohne Korpsgeist und Anerkennung fehlt es an Schlagkraft und Sicherheit, und die Existenz solcher Kommandos, über die ja auch die Polizei verfügt, wäre tatsächlich in Frage gestellt. Politisch ist es jedoch nicht leicht, an solchen Eliteeinheiten festzuhalten, die nicht nur eine harte Auswahl und Ausbildung durchlaufen, sondern die auch eine gewisse Traditionspflege auszeichnet. Doch das darf kein Widerspruch sein: Auch der Staatsbürger in Uniform muss im Ernstfall Krieger sein. Das KSK hat einen Auftrag für das Gemeinwohl zu erfüllen – es muss aber nicht die Gesellschaft abbilden. Diese fehlende Anerkennung, ja eine gewisse Verdruckstheit hat eine lange Tradition, so wie die frühere Weigerung, Kampfeinsätze beim Namen zu nennen.

„Niemand darf gegen sein Gewissen zum Kriegsdienst mit der Waffe gezwungen werden." So steht es im Grundgesetz: Kriegsdienst. Und Kriegsdienst leisten die Soldaten der Bundeswehr in Afghanistan – freiwillig, so wie die Verbündeten auch. Deshalb geht die deutsche Bevölkerung trotz der Opfer auch recht gelassen damit um. Müssten die anderen Nato-Staaten Wehrpflichtige an den Hindukusch schicken, wäre der Einsatz dort wohl schnell beendet. Von einem Einsatz durfte man gerade noch reden. Aber wer von Krieg sprach, musste eine Zeit lang im Bereich des Bundesverteidigungsministeriums damit rechnen, dass Disziplinarmaßnahmen gegen ihn geprüft werden.

Im modernen Völkerrecht kommt das Wort „Krieg" nicht mehr vor. Stattdessen kennt es unterschiedliche Kategorien von bewaffneten Konflikten: solche zwischen Staaten und innerstaatliche, in denen organisierte bewaffnete Gruppen bestimmte Gebiete dauerhaft kontrollieren. Wer die Lage in Afghanistan betrachtete, konnte aber kaum bestreiten, dass dort ein bewaffneter Konflikt herrscht. Aber nicht einmal diesen Begriff wollte das Verteidigungsministerium (einstmals: Kriegsministerium) gebrauchen.

Gern wurde auf schwerwiegende rechtliche Konsequenzen verwiesen. Angeblich würden Lebensversicherungen bei Todesfällen oder Berufsunfähigkeit durch Kriegseinsatz nicht ausgezahlt. Abgesehen davon, dass dann der Bund eintreten würde: Seit wann interessiert eine Versicherung oder ein Gericht die bloße Bezeichnung eines Einsatzes durch den Dienstherrn? Sofort würde zu Recht die Frage gestellt, warum denn neuerdings von „Gefallenen" die Rede ist. Und seit wann interessiert die Taliban, ob sie durch die Bezeichnung eines Konflikts ab- oder aufgewertet würden. Nein: Ob Kriegsrecht gilt, richtet sich nach der Lage in Afghanistan.

Es hat gedauert, bis der dortige Kampfeinsatz der Bundeswehr beim Namen genannt wurde. Aber das war typisch: Die Illusion, hier gehe es um eine Art Polizeieinsatz, ruft nämlich bei Tötungen routinemäßig die Justiz auf den Plan, die dann fragt, ob die Bundeswehrsoldaten in Notwehr gehandelt hätten. Doch muss gelten: Wer im Rahmen eines Mandats des UN-Sicherheitsrates kämpft, handelt auf sicherem Grund. Die deutschen Soldaten müssen daher alles dürfen, was das Mandat erlaubt.

Das hatte sich bei Staatsanwaltschaften schneller herumgesprochen als in der Politik. Als Soldaten der Deutschen Marine das Feuer auf einen Piratenkahn eröffneten, obwohl die Seeräuber in dem Moment niemanden angegriffen hatten, schossen sie auf der Grundlage des Mandats: „disabling fire". Das Boot wurde kampfunfähig gemacht. Ein Pirat kam ums Leben. Die zuständige deutsche Staatsanwaltschaft stellte das Verfahren kurzerhand und ohne Begründung ein. Das ist nicht selbstverständlich, wenn man bedenkt, dass die tödlichen Schüsse, die einst ein Feldjäger an einem afghanischen Kontrollpunkt auf ein sich näherndes

Fahrzeug abgab, zu einer aufwendigen Nachstellung der Szene auf einem hiesigen Truppenübungsplatz führten. Eingestellt wurde das Verfahren auch hier, allerdings auch mit Bezug auf Notwehr.

Auf welch unsicherem Grund man sich damals bewegte, zeigt der Fall des deutschen Oberst Klein, gegen den wegen des Luftangriffs auf zwei Tanklastwagen bei Kundus ermittelt wurde. Zunächst wurden die Akten an den Dienstort Leipzig geschickt, dann an die Generalstaatsanwaltschaft in Dresden abgegeben. Dort musste man sich erst einmal die Rechtsgrundlagen besorgen. Das spricht für die Schaffung einer besonderen Staatsanwaltschaft.

Unabhängig davon, ob Einsatzregeln verletzt wurden: Der Angriff auf zwei (wenn auch festgefahrene) Tanklastzüge eines Gegners, der auf Selbstmordanschläge spezialisiert ist, traf ein legitimes Ziel. Es war deshalb zwar falsch vom Verteidigungsminister, gleich den Tod von Zivilisten auszuschließen, aber es war und bleibt richtig, sich hinter die Soldaten zu stellen. Das war nicht immer der Fall: Als die angeblichen Leichenschändungsfotos deutscher Soldaten in Afghanistan auftauchten, ließ die Bundesregierung zunächst jedwede Fürsorgepflicht vermissen, schwamm auf der öffentlichen Empörungswelle und forderte gar sogleich, die Beschuldigten aus dem Dienst zu entfernen. Die Bundesanwaltschaft stellte übrigens später die Ermittlungen wegen des Angriffs auf die Tanklastzüge in Afghanistan ein – mit einer ebenso ausführlichen wie nachvollziehbaren Begründung: Die Karlsruher Strafverfolger konnten keine Strafbarkeit des deutschen Obersten und seines Hauptfeldwebels erkennen – der Luftangriff auf die beiden entführten Tanklastzüge sei trotz ziviler Opfer zulässig gewesen. In der Tat war in der öffentlichen Debatte, in der Äußerungen von Talibanführern mehr Gewicht hatten als die von Stabsoffizieren der Bundeswehr, vor allem eins vergessen worden: Es kommt auf die Sicht des handelnden Soldaten im Einsatz an. Und hier gilt:

Unabhängig von einem möglichen Verstoß gegen interne Regeln, hatte der deutsche Offizier versucht, zivile Opfer zu vermeiden.

Natürlich sind Soldaten nicht immun – jedenfalls nicht vor dem deutschen und internationalen Strafrecht. Aber zu bedenken ist, dass Kampfeinsätze ohnehin nur noch zulässig sind zur Selbstverteidigung oder mit einem Mandat des UN-Sicherheitsrates. Und auch der darf Soldaten nicht in einen Eroberungskrieg schicken. In Deutschland muss zudem jedes Mandat von den Volksvertretern beschlossen werden. In diesem rundum abgesicherten Rahmen sollten endlich auch die Soldaten mehr Rechtssicherheit genießen. Sie kämpfen schließlich, um zu helfen.

Das gab es zu allen Zeiten. Doch gerade im Zweiten Weltkrieg diente die Wehrmacht einem verbrecherischen Regime. Die Soldaten waren auf den „Führer" vereidigt. Das heißt nicht, dass auch Millionen von ihnen nicht, wie nicht nur Weizsäcker es formulierte, in gutem Glauben für ihr Land kämpften. Aber sie standen im Dienst einer völkermordenden Führung. Und diesen Dienst versahen sie tapfer, was die Tragik umso größer macht.

Wie – das zeigt zum Beispiel die Schlacht an den Seelower Höhen Mitte April 1945: Es war wohl das größte Artilleriefeuer der Geschichte – und doch blieb es weitgehend wirkungslos. Nach sowjetischen Angaben gingen allein am 16. April 1945 mehr als eine Million Granaten auf die deutschen Stellungen an den Seelower Höhen nieder. Die Rote Armee hatte zum Sturm auf Berlin geblasen. Zweieinhalb Millionen sowjetische Soldaten standen Mitte April in drei Armeegruppen („Fronten") an der Oder.

Doch die Verteidiger, eine Art letztes Aufgebot aus Wehrmacht, Waffen-SS, Volkssturm und Hitlerjugend, aus gut ausgestatteten und erfahrenen Kampfverbänden wie aus zusammengewürfelten Einheit, waren vorbereitet. Generaloberst Gotthard Heinrici, der von Hitler mehrfach abgesetzt, aber als Defensivspezialist offenbar unentbehrlich war, ließ das Gros der Verbände aus der Front lösen und auf die Seelower Höhen verlegen. Der Artillerieschlag der Roten Armee, die mit zehnfacher Übermacht antrat, ging deshalb weitgehend ins Leere. Als kurz danach Panzer und Infanterie vorrückten, setzte der sowjetische Generaloberst Schukow Scheinwerfer ein, um das Schlachtfeld auszuleuchten und die Deutschen zu blenden. Doch das Licht fiel durch Nebel und Pulverrauch auf die Angreifer zurück, die nun selbst schlecht sahen und sich für die Verteidiger deutlich abzeichneten. Zudem war der ohnehin sumpfige Grund durch deutsche Pioniere zusätzlich geflutet worden. Die angreifenden sowjetischen Gardekorps erlitten große Verluste.

Am Abend des 17. April war die deutsche Front immer noch intakt, stand aber kurz vor dem Zusammenbruch. Am Abend des 19. April hatte die Front der deutschen 9. Armee aufgehört zu existieren. Schukows Verbände standen an diesem vierten Operationstag dort, wo sie ursprünglich bereits am zweiten Tag, dem 17. April, stehen sollten. In jenen Tagen verlor die Rote Armee mehr als 33.000 Soldaten und 2800 Panzer. Etwa 12.000 deutsche Soldaten fielen in der Schlacht.

Der Weg nach Berlin war frei. Doch warum kämpfte die Wehrmacht überhaupt so verbissen weiter? Auf einer Veranstaltung des Militärgeschichtlichen Forschungsamtes der Bundeswehr zum 50. Jahrestag der Schlacht berichtete der spätere Generalinspekteur der Bundeswehr Harald Wust, der 1945 als Oberleutnant mit 400 Lehrgangsteilnehmern einer Luftkriegsschule an den Seelower Höhen teilnahm: „Wir waren ein geschlossener Verband, ausgerüstet mit Handfeuerwaffen und Panzerfäusten. Es gab bei uns kein Chaos. Dort erreichte uns der Tagesbefehl Hitlers: ,Berlin bleibt deutsch, Wien (es war von den Sowjets bereits besetzt worden) wird wieder deutsch, und Europa wird niemals nicht russisch.' Ich verlas den Befehl, die Männer nahmen ihn zur Kenntnis. Dass der Krieg verloren war, wussten wir – aber nicht, wie es weitergehen würde. Am 16. April brach der Feuerüberfall der Sowjets los. Wir lagen mittendrin und hatten starke Ausfälle. Am 17. gingen wir zurück. Von den 400 Mann waren höchstens noch 200 am Leben. Die Russen griffen kamikazemäßig an. Wir auch. Meine Männer wollten noch das Ritterkreuz. Es ging zurück, aber niemand dachte an Desertieren. Wir waren motiviert bis zuletzt."

Und der damalige Oberleutnant im Panzerregiment „Großdeutschland", Rothkirch, antwortete 50 Jahre danach laut Karl Feldmeyer in der F.A.Z. vom 18.4.1995 auf die Frage, warum damals so aufopferungsvoll weiter gekämpft wurde, mit den Worten Hoffnung und Angst. Hoffnung auf den Zerfall der Kriegsallianz nach dem Tod des amerikanischen Präsidenten Roosevelts am 12. April sowie auf ein Wunder durch die „Wunderwaffen". Und Angst davor, nach dem deutschen Vernichtungskrieg im Osten den Russen lebend in die Hände zu fallen. Hinzu kam der Wille, im Osten möglichst lange Widerstand zu leisten, um es auch möglichst vielen Angehörigen, Zivilisten, Frauen und Kindern zu ermöglichen, das Einflussgebiet der westlichen Alliierten zu erreichen.

So kamen einige Gründe zusammen. Der israelische Militärhistoriker Martin van Creveld schrieb zur Kampfkraft der Wehrmacht, sie habe nicht auf dem Glauben an die nationalsozialistische Ideologie beruht; vielmehr habe sich der Soldat als Mitglied einer gut geführten Gemeinschaft empfunden, zu der auch gegenseitiges Vertrauen gehört habe und die Bereitschaft, Verantwortung zu übernehmen und zu delegieren. Da sie sich als Organisation sah, die das Ziel hatte, ihre Kampfkraft aufrechtzuerhalten, sei die Wehrmacht freilich nicht nur imstande gewesen, außerordentlich standhaft zu kämpfen, sondern auch unschuldige Menschen in großer Zahl kaltblütig abzuschlachten. „Sie waren Soldaten und taten ihre Pflicht, ohne Rücksicht darauf, ob es zu dieser Pflicht gehörte, eine Offensive im Süden durchzuführen, in der Defensive im Norden zu kämpfen oder Grausamkeiten im Mittelabschnitt zu verüben". Und auch die Schlacht an den Seelower Höhen bedeutete noch nicht das Ende des Krieges. Gekämpft wurde in Berlin und anderswo bis zur Kapitulation am 8. Mai 1945.

Auch das gehört zum Erbe der Bundeswehr. Auch Soldaten sind Kinder ihrer Zeit. Das gilt für die Angehörigen der Wehrmacht ebenso wie die der Nationalen Volksarmee der DDR. Kriegsverbrecher und fanatische Ideologen verdienen keine Ehrung. Sie taugen auch nicht als Vorbilder. Ansonsten aber sollte, wie auch sonst hoffentlich bei Namen von Straßen und Plätzen, Pragmatismus und der Wille zur Einordnung walten. Auch Namensgebungen sind Kinder ihrer Zeit. Man sollte sie erklären. Dann können sie auch heute noch einen Zweck erfüllen.

DER SCHATTEN
VON WEIMAR

GEBURT EINES FREIEN STAATSWESENS

In der Rückschau läuft alles oft auf Hitler zu: von Luther zu Hitler, von Bismarck zu Hitler, von Wilhelm II. zu Hitler. Und war nicht die Weimarer Republik von vornherein zum Scheitern verurteilt? Das war sie nicht. Solche zwanghaften Zwangsläufigkeiten gibt es nur aus heutiger Sicht. Bei allen interessanten Kontinuitäten: Die deutsche Geschichte war damals so offen, wie sie es heute ist. So auch bei der Ausrufung der Republik vor etwas mehr als hundert Jahren und beim Waffenstillstand zwei Tage später, am 11. November 1918. Auch wenn die Nachgeborenen von zwei verlorenen Weltkriegen sprechen, so waren diese beiden fürchterlichen Großbrände grundverschieden, und so unterschiedlich war auch ihr Ende. 1918 war Deutschland zunächst nicht und später nur zu geringen Teilen besetzt. Das Heer stand tief in Frankreich. Noch im Frühjahr ließ eine Offensive Hoffnung auf einen Sieg aufkommen.

Umgekehrt ist heute weitgehend unbekannt, dass im Reich wegen der Blockade gehungert wurde. Doch die Revolution ging von Soldaten aus, die sich nicht länger verheizen lassen wollten. Die Matrosen meuterten, und das Volk schickte seine Monarchen weg. Das war eine große Umwälzung. Früher als in manchen „älteren" Demokratien erhielten Frauen das Wahlrecht. Es war zugleich ein Neubeginn, der sich durchaus auf eine demokratische, eine rechtsstaatliche Tradition stützen konnte – auf die der Paulskirchen-Verfassung. Daran konnte Weimar mit einer Verfassung anknüpfen, die echte Grundrechte gewährte und die so schlecht nicht war, jedenfalls nur so gut sein konnte, wie sie mit Leben gefüllt wurde.

Immerhin war schon das Kaiserreich, wenn nicht nach gegenwärtigen Maßstäben, so doch auf gewisse Weise ein demokratischer Rechtsstaat gewesen. Vor allem war es eine Wirtschafts- und Wissenschaftsmacht von Weltrang. So startete die junge Republik mit großen Erwartungen und mit Belastungen, die aus dem Krieg herrührten.

Gab es den „Dolchstoß"? Oder war er nur Legende? Auch Friedrich Ebert versicherte den heimkehrenden Soldaten freilich, dass kein Feind sie besiegt habe. Das Gefühl, die kämpfende Truppe sei „verraten" worden, war nicht nur in Deutschland verbreitet. „The Donkeys" nannte der britische Historiker und Politiker Alan Clark sein Buch über die britischen Generäle im Ersten Weltkrieg – die Esel. In Frankreich wurde Stanley Kubricks eindringlicher Spielfilm „Paths of Glory" von 1957, der das Verheizen und Hinrichten französischer Soldaten durch die eigenen Offiziere im Ersten Weltkrieg thematisiert, erst 1975 gezeigt.

In Deutschland beschloss der verwundete Soldat Adolf Hitler, Politiker zu werden, wie er das später darstellte. Authentisch war jedenfalls die Erfahrung des Krieges, die er mit Millionen teilte. Wie konnte es geschehen, dass viele der Veteranen, die das Schlachten überlebt hatten, bald wieder die Waffen in die Hand nahmen, zunächst in paramilitärischen Verbänden auf den Straßen der jungen Republik? Wie war es möglich, dass sie in einen noch größeren Krieg zogen und halfen, einen Völkermord möglich zu machen? Ob aus Zwang, überkommenem Pflichtgefühl oder aus Überzeugung: Sie marschierten in einen noch schrecklicheren Krieg mit noch mehr Opfern. Die Völker der Welt reagierten darauf mit der Gründung der Vereinten Nationen und der Ächtung des Krieges; aber einen dauerhaften, die Welt umspannenden Frieden gibt es nicht.

Ist der Schoß noch fruchtbar? Diese Frage stellt sich heute wieder. Offenbar darf die allgemeine Fähigkeit, aus der Geschichte zu lernen, nicht überschätzt werden. Dazu muss man sie freilich erst einmal kennen. Parallelen zu damals scheinen immer wieder auf, wenn auch in einem deutlich anderen Umfeld. Es hat sich gezeigt, dass ohne eine gefestigte rechtsstaatliche Ordnung auch eine Demokratie kippen kann. Die Vorstellung in manchen mittelosteuropäischen Ländern, dass eine Mehrheit im alleinigen Besitz der Wahrheit sei und sich Justiz und Medien gefügig machen könne, wie es ihr gefällt, zeigt diese Verletzlichkeit auch unter Mitgliedern der Europäischen Union. Der beschlossene Austritt Großbritanniens aus diesem Projekt des Friedens und des Rechts sowie die verbreitete Spaltung westlicher Gesellschaften machen deutlich: Es gibt keine Bestandsgarantie für Institutionen – sei deren Gründung von einer noch so großen Mehrheit getragen oder seien sie aus Katastrophen hervorgegangen.

Niemand ist grundsätzlich gegen Willkür- und Gewaltherrschaft gefeit. Auch schreckliche Erfahrungen und eine noch so gute Verfassung sind keine Garantie. Jedes Recht, und erscheint es noch so naturgegeben, muss auch in der Republik immer wieder erkämpft und verteidigt werden. Das ist eine Lehre aus jenem gar nicht so fernen Krieg, in dem vor hundert Jahren die Waffen einstweilen schwiegen.

„Das ist die wahre Geburtsurkunde des freien Staatswesens, das von nun an Form und Träger des deutschen Volkswesens bilden soll. Eine neue Zeit beginnt; möge sie auch eine bessere sein", rief der SPD-Politiker Gustav Bauer am 31. Juli 1919 als Reichsministerpräsident aus. Die Verfassungsgebung nannte Innenminister Eduard David die zweite große Aufgabe: „Die erste war die Herstellung des Friedens. Erst mit der Beendigung des Krieges wurde die Voraussetzung geschaffen, um den Frieden auch im Innern zu gewinnen. Diesem Ziel, dem inneren Frieden, soll das Verfassungswerk in erster Linie dienen. Es sei ein Friedenswerk im besten Sinne des Wortes! Das innerpolitische Leben unseres Volkes hat mit ihm neue feste Rechtsformen gefunden."

Tatsächlich war der Erste Weltkrieg noch allgegenwärtig. Die Titelseite der „Frankfurter Zeitung" von jenem Tag ziert links ein Artikel mit der Überschrift „Oberste Heeresleitung und Kronrat. Ludendorffs Bericht". Daneben findet sich unter der Überschrift „Deutsche Nationalversammlung" und der Unterzeile „Dritte Lesung der Verfassungsvorlage – die Schwäche der Opposition – Vierjährige Legislaturperiode" der Artikel über die Annahme der Reichsverfassung. Hugo Preuß wird mit den Worten zitiert: „Wenn die Verfassung jetzt verabschiedet wird, bewahren wir unser Volk sowohl vor der Diktatur von rechts als auch von links."

Heute wissen wir, dass der Frieden nicht sehr lange währte und die Weimarer Verfassung die Diktatur nicht verhinderte. Wir wissen aber auch, dass jene Verfassung fortwirkte, Pate stand und in vielem noch heute ziemlich aktuell ist. Etwa in dem Anspruch: „Die Ordnung des Wirtschaftslebens muss den Grundsätzen der Gerechtigkeit mit dem Ziele der Gewährleistung eines menschenwürdigen Daseins für alle entsprechen." Und auch, fast formuliert wie noch heute: „Eigentum verpflichtet. Sein Gebrauch soll zugleich Dienst sein für das Gemeine Beste." In Artikel 155 wird sogar das Recht auf eine Wohnung erwähnt: „Die Verteilung und Nutzung des Bodens wird von Staats wegen in einer Weise überwacht, die Mißbrauch verhütet und dem Ziele zustrebt, jedem Deutschen eine gesunde Wohnung und allen deutschen Familien, besonders den kinderreichen, eine ihren Bedürfnissen entsprechende Wohn- und Wirtschaftsheimstätte zu sichern."

Schon damals hieß es: „Alle Deutschen sind vor dem Gesetze gleich." Und vor allem: „Männer und Frauen haben grundsätzlich dieselben staatsbürgerlichen Rechte und Pflichten." Zahlreiche Grundrechte waren schon in der Paulskirchenverfassung von 1849 enthalten und wurden nun Wirklichkeit, auch wenn sie nicht – wie heute im Grundgesetz – am Anfang des Verfassungstextes standen. Und gar noch heute sind die Bestimmungen der Weimarer Reichsverfassung zu Staat und Religion Bestandteil des Grundgesetzes. Danach besteht keine Staatskirche und werden die bürgerlichen Rechte durch die Ausübung der Religionsfreiheit weder bedingt noch beschränkt. Die Weimarer Verfassung war also in der Tat fortschrittlich.

Die Hymnen der damaligen Politiker klangen entsprechend: Die deutsche Republik sei fortan die demokratischste Demokratie der Welt, und: „Wir haben uns ein neues nationales Haus gebaut, neuzeitlich eingerichtet mit freiestem, weitestem Ausblick." Der Präsident der Nationalversammlung, Constantin Fehrenbach (Zentrum), meinte: „So legen wir nun die Verfassung in die Hände des deutschen Volkes, das wir dadurch zum freiesten Volke der Erde gemacht haben. Nicht mehr von Herrschern wird es regiert. Seine Geschicke sind ausschließlich ihm selbst anvertraut." Ferner: „Die Grundlagen für freieste Betätigung aller im Volke schlummernden Kräfte im politischen und wirtschaftlichen Leben sind gelegt."

Hier klingt es an: Die Grundlage war gelegt. Aber das reichte eben nicht, das reicht auch heute nicht: Ein Volk bestimmt selbst darüber, wie frei es ist. Auch eine Verfassung, die nach ihrem ersten Artikel das Deutsche Reich zu einer Republik machte, in der die Staatsgewalt vom Volke ausgeht, in der die Abgeordneten wie auch der Reichspräsident vom Volk gewählt wurden und in der Volksbegehren und Volksentscheide vorgesehen waren, braucht demokratischen Geist.

Auch das lässt sich natürlich von heutiger Warte leicht postulieren. Jedenfalls ist Weimar nicht an seiner Verfassung gescheitert – nicht an der direkten Demokratie und nicht am Notverordnungsrecht des Reichspräsidenten. Genauso ist das Grundgesetz von heute, das ja seine Lehren aus dem Scheitern der Weimarer Republik gezogen hat, kein Garant dafür, dass die freiheitlich-demokratische Grundordnung hält. Auch bei den ersten Wahlen zur Nationalversammlung bildeten sich lange Schlangen vor den Wahllokalen, und drei Viertel der Stimmen wurden für Parteien abgegeben, die für die parlamentarische Republik eintraten. Die Wahl zur Nationalversammlung war „ein Aufbruch zur Demo-kratie", hat Bundespräsident Frank-Walter Steinmeier zu Recht hervorgehoben und daran erinnert, dass die Weimarer Verfassung zu lange im Schatten des Scheiterns gestanden habe – sowohl in der DDR als auch in der Bundesrepublik. Aber gescheitert ist eben weder die Verfassung noch sind es die Werte Weimars. Sie leben fort – und fort lebt hoffentlich auch das Gespür dafür, wie verletz-lich eine freiheitliche Ordnung ist, auch wenn sie in Frieden und Wohlstand in die Jahre gekommen ist.

„Das Jahr, das heute zu Ende geht, wird in der Geschichte als das Jahr der deutschen Niederlage und der deutschen Revolution verzeichnet bleiben." So begann der dreispaltige Aufmacher der „Frankfurter Zeitung" am 31. Dezember 1918. „Das Jahr, in dem das alte Deutschland zusammenbrach, so furchtbar, so vollständig, dass noch heute Millionen sich manchmal fragen, ob es nicht nur ein böser Traum sei, aus dem sie wieder aufwachen können. Es ist kein Traum, ist grausame, verzweifelte Wirklichkeit."

Dabei wird auch daran erinnert, dass die Lage zu Beginn des Jahres 1918 noch anders aussah und Anlass zu Hoffnung bot: So sei noch bis in den Sommer hinein Ludendorff der „Gott" gewesen, nicht nur der militärische, auch der politische Führer, dem die Mas-sen vertrauten. Die Zeitung bricht eine Lanze für die Revolution: Anders als der Krieg sei die Revolution nicht von einigen wenigen gemacht. Die deutsche Revolution solle die „soziale und demokratische deutsche Republik" bringen. „Dafür wollen wir arbeiten mit aller Kraft."

Ebenfalls auf Seite eins der „Frankfurter Zeitung" vor gut hundert Jahren findet sich ein Beitrag des Generalintendanten der Frankfurter Städtischen Bühnen, der mit den Worten anhebt: „Es ist unmöglich, in einem Augenblick Prophezeiungen über die Zukunft des deutschen Theaters auszusprechen, in dem unser gesamtes politisches Leben derart erschüttert ist, dass niemand mit Sicherheit vorauszusagen vermag, was uns die nächsten Monate bringen werden, ob wir dem Chaos zutreiben oder ob unter Krämpfen eine neue, gesunde und freie Form unseres staatlichen Daseins gefunden wird."

Hundert Jahre später ist das staatliche Dasein Deutschlands nicht in Frage gestellt. Wohl aber setzt man sich wieder mit der Frage auseinander, wie es damals zum „großen Krieg" kommen konnte, inwiefern die großen Mächte in ihn gleichsam hineingestolpert sind – und ob nicht die heutige Konstellation wieder ähnlich ist. Das Jahr 1919 brachte den von den Deutschen als Diktat empfundenen Vertrag von Versailles und die Weimarer Verfassung. Berühmt-berüchtigt wurde Artikel 231 des Vertrages von Versailles: „Die alliierten und assoziierten Regierungen erklären, und Deutschland erkennt an, dass Deutschland und seine Verbündeten als Urheber für alle Verluste und Schäden verantwortlich sind, die die alliierten und assoziierten Regierungen und ihre Staatsangehörigen infolge des Krieges, der ihnen durch den Angriff Deutschlands und seiner Verbündeten aufgezwungen wurde, erlitten haben."

Damit sollten Friedensbedingungen juristisch und moralisch legitimiert werden. Und das Deutsche Reich wurde finanziell für Schäden haftbar gemacht. Der Vertrag und die heftige Debatte über die Kriegsschuld, die ebenso wie die Reparationsleistungen jahrzehntelang andauerte, erwiesen sich als Hypothek für die junge Republik.

Deutschland musste Nordschleswig an Dänemark abtreten, den Großteil der Provinzen Westpreußen und Posen sowie das oberschlesische Kohlerevier und kleinere Grenzgebiete Schlesiens und Ostpreußens an den neuen polnischen Staat. Außerdem fiel das Hultschiner Ländchen an die neu gebildete Tschechoslowakei. Im Westen ging das Gebiet des Reichslandes Elsass-Lothringen an Frankreich, und Belgien erhielt das Gebiet Eupen-Malmedy mit einer überwiegend deutschsprachigen Bevölkerung. Insgesamt verlor das Reich 13 Prozent seines vorherigen Gebietes und zehn Prozent der Bevölkerung.

Darüber hinaus wurde der gesamte Kolonialbesitz dem Völkerbund unterstellt, der ihn als Mandatsgebiete an interessierte Siegermächte übergab. Der von Österreich angestrebte Zusammenschluss mit dem Deutschen Reich wurde ausdrücklich untersagt. Das wurde als Enttäuschung empfunden, insbesondere mit Blick auf das vom amerikanischen Präsidenten Wilson proklamierte und von Deutschland gern herausgestellte Selbstbestimmungsrecht der Völker.

Das Jahr 2019 stand im Zeichen der Feiern zu 70 Jahre Grundgesetz und 100 Jahre Weimarer Verfassung. Bekommen wir wieder Weimarer Verhältnisse? Dabei sind zum einen die Voraussetzungen völlig andere. Weimar ist wohl nicht in erster Linie an seiner Verfassung gescheitert, sondern an denen, die mit ihr lebten – oder eben nicht. Zum anderen aber bedingt die freie Verfassung, deren Jubiläum wir feierten, die Gefahr einer Wiederkehr Weimarer Zustände. Das Grundgesetz ist ein Gegenentwurf zur Unrechtsherrschaft der Nationalsozialisten. Daraus folgt zwar eine Art Sonderrecht mit Blick auf eine Verherrlichung der NS-Zeit und ihrer Symbole. Das Bundesverfassungsgericht hat andererseits klarge-

stellt: Jeder hat das Recht, die freiheitlich-demokratische Grundordnung abzulehnen und eine andere Ordnung anzustreben.

So müssen die Bürger mit Konfrontationen und Provokationen
leben. Eine Beunruhigung, die die geistige Auseinandersetzung
im Meinungskampf mit sich bringe und allein aus dem Inhalt
der Ideen und deren gedanklichen Konsequenzen folge, sei eine
notwendige Kehrseite der Meinungsfreiheit. Eine Konfronta-
tion mit beunruhigenden Meinungen, selbst wenn sie auf eine
prinzipielle Umwälzung der geltenden Ordnung gerichtet sind,
gehört zum freiheitlichen Staat. Der Schutz vor einer Beeinträchtigung des „allgemeinen Friedensgefühls" oder der „Vergiftung
des geistigen Klimas" sind demnach ebenso wenig ein Eingriffs-
grund wie der Schutz der Bevölkerung vor einer Kränkung ihres
Rechtsbewusstseins durch totalitäre Ideologien oder eine offenkundig falsche Interpretation der Geschichte. Auch das Ziel,
die Menschenrechte im Rechtsbewusstsein der Bevölkerung zu
festigen, erlaubt es nicht, andere Ansichten zu unterdrücken.
Die Verfassung setzt aus Karlsruher Sicht vielmehr darauf, dass
Kritik und Polemik gesellschaftlich ertragen, ihr mit bürgerschaftlichem Engagement begegnet „und letztlich in Freiheit die
Gefolgschaft verweigert wird".

Der Einzug der AfD in Landesparlamente und Bundestag und
der Streit über ihre Beobachtung durch den Verfassungsschutz
haben abermals die Frage aufgeworfen, wie ein Marsch antilibe-
raler Kräfte durch die Institutionen verhindert werden kann. So
gilt auch heute wieder der Befund: Auch das Grundgesetz ist nur
so stark, wie es gelebt wird. Dabei hat es sich im Großen und
Ganzen bewährt. Die Gewaltenteilung in der Kanzlerdemokratie
mit einem rechtlich eher schwachen Präsidenten, dafür aber einem
starken Bundesverfassungsgericht, funktioniert. Dass der Bundesstaat zentralistische Tendenzen ausweist, dass die Landtage sich

entmachtet haben, wird von den Bürgern getragen, die gleichwohl auf regionale Vielfalt Wert legen.

Zwar ist Deutschland – anders als vor hundert Jahren – heute Teil eines supranationalen Staatenverbundes, der Europäischen Union. Nach Vollendung seiner staatlichen Einheit sieht es sich nach der Präambel des Grundgesetzes weiterhin „von dem Willen beseelt, als gleichberechtigtes Glied in einem vereinten Europa dem Frieden der Welt zu dienen". Aber auch die Europäische Union steht vor immensen Herausforderungen. Das Rechtsstaatsverfahren gegen Polen, Angriffe auf Justiz und Medien auch in Ungarn, das Erstarken populistischer Kräfte auch in anderen Staaten der Europäischen Union rufen in Erinnerung, wie dünn die zivilisatorische, die europäische Schicht ist, welche die europäischen Staaten bisher seit Jahrzehnten friedlich zusammenhält.

Vor allem der erklärte Austritt Großbritanniens aus der Europäischen Union ruft alte Befürchtungen wach. Die EU wurde von ihrem alten Mantra von immer mehr Integration eingeholt. Doch zeigt sich mittlerweile, dass das oft bespöttelte Projekt des Friedens eben doch ein einzigartiges ist. Allerdings konnte nicht verhindert werden, dass Russland die Krim annektiert hat. Und in der Flüchtlingspolitik – und nicht nur dort – zeigt sich, dass die Staaten weiterhin die Herren der europäischen Verträge sind und ihre eigenen Interessen durchaus auch vor eine europäische Solidarität stellen, wie zuletzt der EU-Gipfel zum Wiederaufbau nach der Corona-Krise gezeigt hat.

Kein Zweifel: Im Alltag funktioniert die Europäische Union. Aber die nationalen Interessen erweisen sich – wenn es darauf ankommt – weiterhin als höchst unterschiedlich, so wie auch die Vorstellungen von der EU als Rechtsgemeinschaft durchaus verschieden sind. Die Republik im Innern zu verteidigen und sie wie auch die europäische Integration auch nach außen zu sichern bleibt eine ständige Herausforderung. Insofern ist das Ende des Ersten Weltkrieges, sind Versailles und Weimar einerseits weit weg – andererseits aber auch ziemlich nah.

OFFENE ORDNUNG

Das Grundgesetz ist eine offene Ordnung. Aber es ist nicht für alles offen: Weder ist eine sozialistische Planwirtschaft mit der Verfassung vereinbar noch sind es Ausgrenzung und Verfolgung von Menschen etwa aufgrund ihrer Herkunft, ihres Geschlechts, ihrer Hautfarbe oder ihres Glaubens. Das Grundgesetz setzt auf Integration, indem es jedem alle Freiheit lässt – solange er die Freiheit anderer nicht stört. Dieses Freiheitsversprechen birgt freilich auch Gefahren. So ist es erlaubt, ein anderes System zu wollen – aber eben nicht, diese freiheitliche Grundordnung mit dem Ziel zu bekämpfen, wieder Menschen aufgrund ihres So-Seins der Verfolgung preiszugeben.

Diese Verfassung ist seit siebzig Jahren der Gegenentwurf zur nationalsozialistischen Unrechtsherrschaft. Umso erschütternder ist es, wenn der Antisemitismus in Deutschland und Europa verstärkt um sich greift. Hier geht es weniger um historische Tatsachen und die Strafbarkeit von deren Leugnung, sondern um Hetze und Gewalt. Antisemitismus musste noch nie importiert werden. Ihn gibt es in der Mitte der Gesellschaft. Dass er zudem auch von außen nach Deutschland kommt, ist eine Tatsache, die aber nichts an der innenpolitischen Herausforderung der Bekämpfung des Judenhasses ändert. Das ist eine gesamtgesellschaftliche Aufgabe. Betroffenheit durch den Nahost-Konflikt kann Anlass für Kritik an der Politik Israels sein, aber in keiner Weise eine Diskriminierung von Angehörigen einer Religion oder eines Volkes rechtfertigen.

Überdies ist es ein Alarmzeichen, dass die Kenntnisse über den nationalsozialistischen Völkermord offenbar schwinden. Aber auch wer nichts darüber weiß, muss wissen, dass alle Menschen vor dem Gesetz gleich sind. Ein Blick sogar in europäische Staaten lehrt, dass auch dieser zivilisatorische Grundkonsens keine Selbstverständlichkeit ist. Unter dem Dach des Grundgesetzes ist, da hat Bundeskanzlerin Angela Merkel recht, ein Zusammenleben von achtzig Millionen Menschen verschiedenster Eigenschaften möglich. Deutschlands Anziehungskraft ist auch deshalb so groß, weil das Grundgesetz einen gesicherten Raum der Freiheit bietet. Doch wenn dieser Raum nicht täglich verteidigt wird, das lehrt die Erfahrung von Weimar, dann ist wieder Schlimmes möglich. Die offene Verfassung sollte jeden wachhalten.

Jedenfalls ist „Weimar" nicht an seiner Verfassung gescheitert, sondern eher am „Versagen von Eliten" und an einer „Mentalität der Massen", die die Spielregeln des parlamentarischen Betriebs nie richtig gewollt und verstanden habe, wie Udo Di Fabio in seinem Buch „Die Weimarer Verfassung" meint. Das wäre mit Blick auf die damalige Zeit wohl auch zu viel verlangt gewesen. Der Vorwurf fällt zum Teil wieder auf die Eliten zurück, die Di Fabio aber vor „monokausalen" Schuldzuweisungen in Schutz nimmt. Und Versailles? Deutschland habe begrenzte, aber ausreichende Möglichkeiten gehabt, auch aus jenem Friedensvertrag etwas zu machen.

Das klingt in der Rückschau leichter, als es wohl war. Aber an der Weimarer Verfassung lag es tatsächlich nicht; sie ist schließlich auch dem immer noch gegenwärtigen, etwa dem französischen Präsidialsystem nicht unähnlich. Die Warnung ist klar: Auch die beste Verfassung schützt nicht vor Erosionen, auch eine Demokratie mit gutem Grundgesetz kann gleichsam an sich selbst scheitern. Wäre im August 1919 das deutsche Grundgesetz von 1949 in Kraft getreten, so Di Fabio, „darf bezweifelt werden, ob die Republik auch nur bis zum Jahr 1924 gekommen wäre, wenn nicht ein Friedrich Ebert aus seinem starken Amt heraus über die Reichswehr und das Notverordnungsrecht hätte verfügen können".

Und die unmittelbare Volksherrschaft? Die Weimarer Verfassung hatte großes Vertrauen in das Volk, den Souverän: Reichstag und Reichspräsident wurden unmittelbar gewählt, die Bürger konnten unmittelbar an der Reichsgesetzgebung mitwirken. Hatte Theodor Heuss recht? Das Plebiszit sei unter den Bedingungen des Deutschlands seit 1919 vor allem eine Prämie, wenn nicht für Demagogen, so doch für eine „viel zu große Anzahl von Gesinnungspolitikern". Man braucht also die richtigen Politiker und sonstige Kräfte. „Die Reichswehrführung operierte hinter den Kulissen ähnlich wie Wirtschaftsvertreter oder Universitätsprofessoren: mitunter durchaus einflussreich, aber politisch ohne Weitsicht." Also per se nicht viel schlechter und nicht besser als andere Akteure. Das gelte auch im Vergleich zu anderen Eliten in Wirtschaft, Wissenschaft oder Kunst sowie zu jener Masse der Wähler, „die seit 1930 die Institutionen Weimars mit dem Wahlzettel auf die abschüssige Bahn führte".

Die Parallelen zu heute sind mit Händen zu greifen: Di Fabio spricht von der allmählichen Unterhöhlung der Akzeptanz demokratischer Spielregeln und Konsenszwänge sowie von der Diskreditierung des Parteibetriebs. Er spricht aus Erfahrung, kennt er doch die Versuche, aus dem Bundestag heraus das Bundesverfassungsgericht zu diskreditieren. Die Verfassungsrichter sind hier empfindlich, und sie wissen aus erster Hand, was sich gerade in Polen und Ungarn abspielt. Dort geriet die Unabhängigkeit der Justiz als Erstes in das Visier der Machthabenden. Heute wie damals braucht die freie deutsche Verfassung nicht nur in den „Eliten" (passt dieser Begriff noch?), sondern überall Bürger, die mit dieser Freiheit umgehen können.

Die gerechte und verlässliche Ordnung der Freiheit, die Di Fabio beschwört und in die er mehr investiert sehen möchte, bringt es offenbar mit sich, dass man nach konkreten Lösungsvorschlägen vergeblich sucht. Auch wenn es sich nicht um Ratgeberliteratur handelt, sondern um eine fundierte Analyse der Weimarer Verfassung, bleibt angesichts von deren Gegenwärtigkeit die Frage, was das beschworene Eintreten für die Freiheit heute heißt, wenn diese Freiheit nach der Rechtsprechung des Bundesverfassungsgerichts ausdrücklich die Freiheit einschließt, eine ganz andere Ordnung zu wollen.

Die Demokratie kann von außen wie von innen bedroht werden. Und insbesondere eine Zersetzung aus dem Inneren ist nicht einfach zu bemerken und zu bekämpfen. Denn zur Freiheit gehört auch die Gefahr. Absoluten Schutz vor Bedrohungen gibt es auch in autoritären Staaten nicht, aber einer liberalen Grundordnung ist das Streben nach absoluter Sicherheit wesensfremd. Wehrlos ist der freiheitliche Rechtsstaat deshalb nicht. Sein Auftrag lautet nicht Selbstaufgabe, sonst könnte er kaum ein Gegenentwurf zu totalitärer Herrschaft sein.

Jeder Bürger kann deshalb erwarten, dass jedem Verdacht einer Straftat nachgegangen wird, erst recht jeder terroristischen Gruppenbildung, und dass extremistische Hetze erfasst wird. Das Strafrecht unterscheidet nicht zwischen rechtsextrem, linksextrem oder islamistisch. Aus gutem Grund gibt es auch nicht zweierlei Opfer. Politisch aber muss man schon werten und unterscheiden. So lautet die wichtigste Frage neben der strafrechtlichen Aufklärung des Falls Lübcke: Gibt es rechtsextremistische Netzwerke, die von den Behörden nicht erkannt wurden oder die gar bis in sie hineinreichen? Sind Stärke und Vernetzungen von Rechtsextremisten – Staatsfeinden, die zum Äußersten bereit sind – womöglich systematisch falsch eingeschätzt worden? Ein aktuelles Ermittlungsdefizit ist dagegen nicht ersichtlich; anders als bei den jahrelang unerkannt mordenden NSU-Terroristen wurde in Kassel von Beginn an auch in Richtung Rechtsextremismus ermittelt. Wichtig ist die konsequente Ahndung von Straftaten und ebensolche Aufklärung durch geeignetes Personal. Die im Grundgesetz vorgesehene Verwirkung von Grundrechten ist öffentlichkeitswirksam in jeder Hinsicht, entbindet den Staat aber nicht von seinen Hausaufgaben. Der Satz von Bundeskanzlerin Merkel, der Rechtsextremismus sei „ohne jedes Tabu" zu bekämpfen, muss als Aufforderung verstanden werden, alle rechtsstaatlichen Mittel zu prüfen und gegebenenfalls auszuschöpfen. Rechtsstaatliche Tabus müssen aber tabu bleiben.

Die Gesellschaft ist nicht über Nacht verroht. Doch hat die Möglichkeit, dass jeder anonym alles nach außen kehren kann, zu einer neuen Radikalisierung geführt: Man weiß sich als Teil einer Masse, von der man früher womöglich gar nicht wusste, dass sie existiert. Dieser Hass-Raum muss stärker in den Blick genommen werden. Auch das ist eine Parallelgesellschaft, die nicht zu einem Staat im Staate werden darf.

Die Flüchtlingskrise und die Malaise der Europäischen Union haben Deutschland verändert. Um das Wesen des Staates ging es auch im NPD-Verbotsverfahren. Denn es sagt viel über ein Gemeinwesen aus, wie es mit Gegnern und „Spinnern" (Joachim Gauck) umgeht. In Zeiten von Massenmigration und des Erstarkens einer neuen rechtspopulistischen Bewegung befasste sich das Bundesverfassungsgericht im März 2016 kurz vor drei wichtigen Landtagswahlen in öffentlicher Verhandlung mit dem Charakter der NPD. Geht sie tatsächlich darauf aus, wie es im Grundgesetz heißt, die freiheitliche demokratische Grundordnung zu beeinträchtigen oder den Bestand der Bundesrepublik Deutschland zu gefährden?

Im ersten Verfahren 13 Jahre zuvor hatte sich der Staat einschließlich des Verfassungsgerichts nämlich in eine Sackgasse manövriert: Eine entscheidende Minderheit im Senat wollte das Verfahren nicht fortführen, weil sie die NPD angesichts der V-Mann-Dichte in deren Führung nicht als „staatsfrei" ansah. Nun haben die Länder Stein und Bein geschworen, sämtliche Informanten seien „abgeschaltet". Das Urteil von 2017 war dann ein klares Zeichen für die Freiheit: Die Entscheidung des Bundesverfassungsgerichtes, die NPD gerade in dieser Zeit nicht zu verbieten, ist beeindruckend. Immerhin geht es um eine Partei, die das Gericht selbst für verfassungsfeindlich und für wesensverwandt mit dem Nationalsozialismus hält und die drei Verfassungsorgane schon einmal vergeblich zu verbieten versuchten. Diese Partei darf nun weitermachen – und das in einer gern postfaktisch genannten Zeit, in der Hass und Verzerrung sich ausbreiten, in der Medien und Demokratie sich fundamental wandeln und in der gar über Zensur als Lösung gesprochen wird.

In dieser Lage setzte das Bundesverfassungsgericht allein auf die Freiheit. Tatsächlich will das Grundgesetz keine Gesinnung verbieten, sondern nur Organisationen, die Aussicht auf Erfolg haben, die freiheitlich-demokratische Grundordnung umzustürzen. Das ist bei der NPD ersichtlich nicht der Fall. Die Partei trägt nun einen Persilschein und ein Stigma zugleich. Zugleich ist der Bundesrat als Antragsteller, sind also die Bundesländer nicht gänzlich düpiert, denn ihr Begehren ist für schlüssig befunden worden. Die Blamage des ersten Anlaufs ist zum Teil wieder wettgemacht. Ein Parteiverbot bleibt möglich, das Instrument ist mitnichten obsolet, es steht ja auch ausdrücklich im Grundgesetz – aber nur als letzter Ausweg im Rahmen der freiheitlichen demokratischen Grundordnung.

Diese Grundordnung buchstabierte der Zweite Senat neu aus. Dazu gehört nicht weniger, aber eben auch nicht mehr als Menschenwürde, Demokratie und Rechtsstaat. Auch das ist in Hochzeiten populistischer Bewegungen, die von Osteuropa bis ins Weiße Haus reichen, ein bemerkenswertes Signal. Was in stabilen Phasen des Gemeinwesens leicht von den Lippen kommt, hat es heute in sich: nämlich eine Aufforderung zum Diskurs und nicht zum Verbieten. Diese Botschaft geht weit über das Parteiverbotsverfahren hinaus. Das ist der Geist des Grundgesetzes.

Ohne Risiko ist natürlich auch das „Nein, aber"-Urteil nicht. Der Schuss kann auch nach hinten losgehen. Wenn nämlich eine verfassungsfeindliche Partei, die den festen Willen hat, die freiheitliche demokratische Grundordnung abzuschaffen, erst einmal von Bedeutung ist, wenn sie in mehrere Landtage und gar in den Bundestag eingezogen ist, dann dürfte ein Verbotsverfahren für erhebliche politische Unruhe sorgen. Dann erst recht würde der Vorwurf lauten, die anderen Parteien wollten sich eines Konkurrenten durch ein Verbotsverfahren entledigen. Und doch bleibt es richtig, dem politischen Kampf und der freien Auseinandersetzung den Vorrang zu lassen. Vereinigungen, Gruppen, die keine politischen Parteien sind, können auch weiterhin verboten werden. Politische Parteien genießen ein Privileg. Aber das gibt keinen Freibrief für menschenverachtendes Handeln.

Die Maßstäbe für Parteiverbote sind nun klar. Sie stehen auch in Einklang mit der Rechtsprechung des Europäischen Gerichtshofs für Menschenrechte. Der Boden für künftige Verbotsverfahren ist bereitet. Aber hoffentlich gibt niemand mehr Anlass dazu. Der Ball ist zurück im Feld der geistigen Auseinandersetzung, die das Grundgesetz sogar im Kampf gegen menschenverachtende Ideologien als wirksamste Waffe ansieht. Ein Urteil für die Freiheit. Die muss jeder schützen.

DEM TERROR TROTZEN

Die Erfahrung mit der RAF lässt hoffen: Der Rechtsstaat kann auch dem IS widerstehen. Jede Gesellschaft hat es selbst in der Hand, wie sie mit Terror umgeht. Doch bestimmte Mittel sind ihr verwehrt. Angst und Schrecken kann man ohnehin nicht verbieten. Der Staat kann aber eine sichere Lage schaffen, darauf achten, sich nicht erpressen zu lassen, und Straftäter zur Rechenschaft ziehen. Das kann dauern. So ist heute der RAF-Schrecken verflogen. Aber noch immer ist nicht bekannt, wer vor Jahrzehnten den damaligen Treuhand-Chef Detlev Karsten Rohwedder, am Schreibtisch seines Hauses stehend, erschoss. Auch die Morde an Alfred Herrhausen, Ernst Zimmermann, Karl Heinz Beckurts, Eckhard Groppler und Gerold von Braunmühl sind nicht aufgeklärt. Und der Mord am früheren Generalbundesanwalt Siegfried Buback ist zwar strafrechtlich gesühnt worden, aber welcher RAF-Terrorist die tödlichen Schüsse abgab, ist nach wie vor ungeklärt. Denn sogar für die nach teils jahrzehntelanger Haft wieder resozialisierten ehemaligen RAF-Mitglieder gilt offenbar der selbstauferlegte Kodex: Man verpfeift sich nicht.

Das ist schlimm, vor allem für die Angehörigen der Opfer. Aber für den Staat geht von der RAF keine Gefahr mehr aus – auch wenn sich einige Gesuchte offenbar durch Banküberfälle über Wasser halten müssen. Natürlich darf der Anspruch nie aufgegeben werden, die Täter zu ermitteln und abzuurteilen. Denn Mord verjährt nicht – wie die Strafverfahren gegen ehemalige KZ-Wärter im Greisenalter auch heute noch zeigen.

Was kann man heute, in Zeiten des IS-Terrors, aus der Bekämpfung der RAF für Lehren ziehen? Die Bedrohung war eine andere als die aktuelle durch die Islamisten. Sie richtete sich nicht wahllos gegen Zivilisten, sondern gezielt gegen führende Repräsentanten von Staat und Wirtschaft. Gleichwohl war der Terror durch die erheblichen Fahndungsmaßnahmen im öffentlichen Leben präsent. Der Staat reagierte hart, teils überhart, aber auch versöhnlich. Er suchte das Gespräch mit den (inhaftierten) Terroristen – und nicht wenige ließen auch mit sich reden. Noch Bundespräsident Horst Köhler begab sich zu Christian Klar ins Gefängnis, um sich anlässlich des Gnadengesuchs ein Bild des einstigen Top-Terroristen zu machen. Der Bundespräsident lehnte ab, aber Klar kam regulär ohnehin bald darauf frei. Es ist nicht ausgeschlossen, dass diese Angebote des Staates zum Ende der RAF beitrugen. Auch der britische Staat bezwang die IRA nicht nur mit Härte, sondern auch mit Dialog und Amnestie.

Auch heute haben rechtsstaatliche Verfahren gegen Feinde des Rechtsstaats ihren Sinn. Zwar ist die Frage berechtigt, inwieweit eine Freiheitsstrafe – und sei sie (theoretisch) lebenslang – einen zum Selbstmord entschlossenen Glaubenskrieger abschreckt, doch haben Verfahren gegen Unterstützer des IS hierzulande durchaus Wirkung gehabt. Der Rechtsstaat darf diesen Anspruch jedenfalls nicht aufgeben.

Dass jeder in Deutschland die Chance haben muss, wieder in Freiheit zu gelangen, bedeutet aber nicht, dass gefährliche Terroristen frei herumlaufen dürfen. Es gibt ausreichend Instrumente, verurteilte Straftäter, die eine anhaltende Gefahr für die Allgemeinheit sind, auch lebenslang wegzusperren. Ob die von der Bundesregierung einmal geplante Aufhebung der zwingend lebenslangen Freiheitsstrafe für Mord – der Paragraph gilt als Nazi-Recht – das richtige Zeichen ist, muss stark bezweifelt werden. Soll es nun fünf Jahre Haft für „Mord aus Verzweiflung" geben? Das war schon bisher im Einzelfall möglich – aber auch Terroristen halten sich für Verzweifelte. Was für ein fatales Signal!

Schwieriger ist es mit den sogenannten „Gefährdern". Wer noch nicht unmittelbar zur Begehung einer Straftat angesetzt hat, aber als gefährlich eingestuft wird, kann allenfalls kurz in Gewahrsam genommen werden. Doch Werbung für den Dschihad ist auch strafbar. Notfalls muss beobachtet und angesprochen werden – was auch geschieht.

Richtig bleibt auch, dass bestimmte Gefahren hingenommen werden müssen. Denn das tun wir alle. Nicht in einem fatalistischen Sinn, aber überbordende Sicherheit und Registrierungsvorschriften, welche die Freiheit für jeden Einzelnen über jedes Maß einschränken, will niemand. Das mag sich – je nach Bedrohungslage – immer wieder etwas verschieben. Aber gerade die Erfahrungen in Israel, einem Frontstaat des Terrors, zeigen, dass man sich mit einer ständig vorhandenen, aber unterschiedlich intensiv aufbrechenden Bedrohung arrangieren kann, ohne auf Freiheit zu verzichten. Gerade Israel kennt trotz robuster Kriegführung und Mauerbaus eben auch rechtsstaatliche Restriktionen – und es weiß, dass Elend und Perspektivlosigkeit Terror erzeugen können. Dagegen kann man etwas tun.

Klar ist jedenfalls, dass viele Schritte der Terrorbekämpfung ohne wesentliche Eingriffe in Grundrechte aller möglich sind. Diese Republik sollte dafür gerüstet sein. Die Blutspuren der RAF wie auch die des NSU sind schrecklich. Aber die Terroristen haben kein Ziel erreicht, sondern den Rechtsstaat letztlich stärker gemacht. Das ist auch im Angesicht des IS-Terrors so geblieben.

WEIMARER VERHÄLTNISSE?

Die Ermordung des Kasseler Regierungspräsidenten Lübcke war im Grunde seit Weimar (die NS-Zeit war Staatsterror) der erste rechtsextreme politische Mord an einem hohen Amtsträger. Dazu die Mordserie des NSU, die unfassbarer Weise über Jahre unentdeckt blieb, obwohl dieselbe Tatwaffe verwendet wurde, die mörderischen Anschläge von Halle und Hanau mit rechtsextremistischen Motiven. Blickt man auf die Zunahme von rechtsextremistischen Delikten und – parteipolitisch – auf die AfD und vor allem deren „Flügel", so liegt der Blick auf Weimarer Verhältnisse tatsächlich nicht fern.

Der Hauptunterschied ist freilich, dass wir die Erfahrung von Weimar und dem Zivilisationsbruch des Dritten Reichs hinter uns haben und der Blick also genau dafür geschärft ist. Nach Jahrzehnten einer mit den Jahren immer mehr gefestigten Demokratie und eines daraus hervorgegangenen umfassenden Verfassungsschutzes sind wir nicht immun, aber doch stark und vorsichtig geworden. Mit Verfassungsschutz sind hier weniger die Behörden in Bund und Ländern gemeint – sondern die Gesellschaft mit ihren Institutionen schlechthin.

Diese Resilienz hat dazu geführt, dass die alte Bundesrepublik nicht nur den Wiederaufbau mit zahlreichen alten Nationalsozialisten in den nun demokratischen Institutionen gemeistert hat – die NPD saß in mehreren Landtagen –, sondern auch den späteren RAF-Terror, die riesigen Herausforderung der Wiedervereinigung und verschiedene spätere terroristische Bedrohungen im vereinten Deutschland.

Man darf sich allerdings niemals sicher sein, dass das Eis auch hält. Die Flüchtlingskrise, welche die AfD groß gemacht hatte, kann jederzeit wieder akut werden. Die Corona-Pandemie wiederum hat bisher gezeigt, dass sich radikale Kräfte zwar auf Demonstrationen, aber bisher nicht parteipolitisch oder im Wahlverhalten spürbar bemerkbar machen.

Sind die Zeiten also vergleichbar, kehren die zwanziger Jahre zurück, so schön-schaurig, wie in der eindrucksvollen Fernserie „Babylon Berlin"? Florian Illies schrieb am 23.1.2020 in der „Zeit": Jene Zeit sei auch deshalb „für unsere Gegenwart eine so perfekte Projektionsfläche, weil man sich damit scheinbar optimal in alle Richtungen positionieren kann. Einerseits demonstriert man, wie offen und begeistert man ist von der Libertinage der Goldenen Zwanziger und ihrer Federboa-Verruchtheit…" Andererseits könne man sich neben „diesem zur Schau getragenen ‚Ich lebe gerne wild und gefährlich'-Gestus auch zugleich als politisch besorgter Zeitgenosse geben und vielsagend raunen: ‚Die Zeiten sind ja vielleicht wieder etwas vergleichbar.' Pünktchen, Pünktchen, Pünktchen." Volker Kutscher, der Autor der Romanvorlage von „Babylon Berlin", habe schließlich genau davor gewarnt: dass man aus Angstlust und mit einem falschen Fatalismus die historischen Parallelen heraufbeschwört, ohne zu realisieren, wie wenig die Zeiten vergleichbar seien.

Vergleichen kann man natürlich alles – um dann zu sehen, was ähnlich ist und was nicht. Um allerdings einen abermaligen Absturz, einen neuen Zivilisationsbruch zu verhindern, sollte man den Blick für das Wesentliche behalten und sich jedenfalls nicht zu sehr in Ersatzhandlungen ergehen und sich auf Nebenkriegsschauplätzen verkämpfen. Ein Beispiel dafür ist die Debatte über Rassismus. Die mit allem Recht starken Proteste gegen den durch die Polizei verursachten gewaltsamen Tod von George Floyd in Amerika führten hierzulande zu einer Art Generalverdacht gegen Polizei und Sicherheitskräfte.

Zweifellos gibt gibt es Rassismus im Alltag. Er raubt Menschen die Chance auf gleichen Zugang zu elementaren Gütern. Ein Foto, der Name, ein fremder Akzent – das entscheidet nicht selten über Arbeit und Wohnung, über Abstieg und Ausgrenzung; selbst ein mitfühlender Außenstehender kann sich das kaum vorstellen. Ist eine versteckte diskriminierende Motivation im privaten Bereich kaum umfassend zu kontrollieren, da jeder sich seine Vertragspartner ohne nähere Begründung selbst aussuchen kann, muss umso mehr allen Zeichen offener Anfeindung entgegengetreten werden.

Umso schlimmer ist es, wenn der Staat selbst Menschen allein aufgrund ihrer Hautfarbe und Herkunft schlechter behandelt als andere. Auch dafür gibt es Beispiele – auf Ämtern oder bei Kontrollen durch die Polizei. Die eindrucksvollen Demonstrationen gegen einen sogar nach Ansicht ehemaliger Präsidenten „systemischen" Rassismus in den Vereinigten Staaten, der gewiss eine weltweite Herausforderung darstellt, sollten aber nicht dazu verleiten, alles über einen Kamm zu scheren. Wenn Bundestagsvizepräsidentin Claudia Roth (Grüne) „rassistische Strukturen und Netzwerke gerade auch innerhalb der Staatsgewalt" und die SPD-Vorsitzende Saskia Esken „latenten Rassismus in den Reihen der Sicherheitskräfte" beklagen, dann fragt man sich, wo die beiden leben. Geht es angesichts dieser Breitseite gegen die deutsche Staatsgewalt, der beide ja angehören, nicht etwas genauer? Jeder Fall muss zudem ins Verhältnis gesetzt werden.

Der ungeheuerliche Generalverdacht gegen Zigtausende Beamte, ja gegen diese Grundordnung, fällt auf die Politiker zurück, die auf diesen Zug aufspringen. Hier werden die Funken der berechtigten Empörung über den gewaltsamen Tod von George Floyd genutzt, um selbst im hellen Schein eines Anklägers des Guten zu leuchten. Soll das Widerstand sein? Leben wir in einem Polizeistaat? Die Forderung der Grünen, den Begriff der „Rasse" aus dem Grundgesetz zu streichen, wirkt aktuell wie eine hilflose Ersatzhandlung; ein Ablass, um sich selbst reinzuwaschen.

Denn was ändert sich, wenn der Begriff der „Rasse" aus dem Grundgesetz gestrichen werden sollte? Warum steht er überhaupt in unserer Verfassung? Es war doch gerade der grausamste Rassismus, auf den das Grundgesetz eine Antwort ist. Nie wieder! Das ist das Motto nicht nur jener Ordnung, die sich das besiegte und zerstückelte Deutschland unter Aufsicht der Besatzungsmächte gab. Es ist auch der Auftrag, den sich die Vereinten Nationen gaben.

Das geschah in einer Sprache und gewiss auch noch mit Anschauungen, die heute nicht mehr üblich sind. So nennt auch die Charta die „Rasse", und im Statut des Internationalen Gerichtshofs ist von den „zivilisierten Nationen" die Rede. Auch das UN-Abkommen, das sich die Beseitigung jeder Form von rassistischer Diskriminierung auf die Fahnen geschrieben hat, spricht von der „Rasse". Diese Sprache spricht auch das Grundgesetz, wenn es fordert, dass niemand „wegen seines Geschlechtes, seiner Abstammung, seiner Rasse, seiner Sprache, seiner Heimat und Herkunft, seines Glaubens, seiner religiösen oder politischen Anschauungen benachteiligt oder bevorzugt werden" darf. Es ist völlig klar, dass dahinter nicht der Gedanke steht, es gebe höherwertige und minderwertige Gruppen von Menschen. Aber ja, durchaus die Vorstellung, es gebe verschiedene „Rassen" – genauso, wie es verschiedene Sprachen und Geschlechter gibt.

Der aus Anlass der aktuell aus den Vereinigten Staaten herübergeschwappten Rassismusdebatte erhobene Vorwurf an das Grundgesetz lautet: Die Verfassung widerspreche sich selbst. Jedenfalls ihrem Geist, wie die Grünen meinen: Es gebe keine „Rassen", es gebe nur Menschen. Die FDP meint: Das Grundgesetz verbietet rassistische Diskriminierung. Das müsse es auch sprachlich zum Ausdruck bringen. Was aber würde sich ändern, wenn man dem Vorschlag der FDP folgte, den früher schon die Linkspartei gemacht hat – und den Begriff der Rasse durch den der „ethnischen Herkunft" ersetzte? Es gibt dann also Menschen verschiedener ethnischer Herkunft. Ist das besser? Wird dadurch weniger diskriminiert?

Oder wäre es, wie ebenfalls gefordert wird, noch besser, den Begriff der „Rasse" ersatzlos zu streichen? Dann würde also das Grundgesetz die Reihe der ausdrücklich genannten Diskriminierungen verurteilen, ausgerechnet die rassistische aber gerade nicht. Es stimmt natürlich, dass Begriffe wichtig sind. Das Grundgesetz ist das Fundament der staatlichen Ordnung. Auch wenn es nicht jedermann ständig präsent ist, so entfaltet es doch eine Leitfunktion. Andererseits ist das Grundgesetz voller Begriffe, die heute alles andere als en vogue sind: Gott, das Deutsche Volk, Kriegsdienst, freie Selbstbestimmung.

Das heißt nicht, dass diese Begriffe überholt wären. Man kann sie mit Leben füllen und neu in die Zeit stellen. Sie erinnern aber auch daran, dass es etwas gibt, das wir vorfinden – und uns zum Nachdenken zwingt. So kann man nicht im Ernst am Geist und am Zweck des Grundgesetzes zweifeln, weil es den Begriff „Rasse" verwendet. Die „Rasse" wurde in das Grundgesetz nicht als wissenschaftlicher Begriff aufgenommen, sondern um gerade auch pseudowisssenschaftliche Unterteilungen von Menschen zu verhindern und zu bekämpfen. Man kann die Verfassung ändern. Eine Mehrheit dafür mag sich im Bundestag leicht finden. Wer will sich dagegen schon versperren? Die Frage ist nur, ob man auch etwas gegen Rassismus tut oder ob man nur sein Gewissen beruhigt. Niemand will gerade etwas falsch machen. Bis hin zu Podien und Talkshows, wo es nun vor allem um eine strikte Ausgewogenheit von „Schwarz/Weiß" und „Mann/Frau" geht. Erst danach geht es dann um Inhalte. Deshalb wäre die Entfernung des Begriffs der Rasse aus dem Grundgesetz nicht nur eine Gewissensberuhigung. Sie käme der Beseitigung eines Stachels gleich. Der gerade in seiner Wortwahl starke Gegenentwurf zum NS-Terrorstaat würde aufgeweicht.

Das ist ein Leichtes – und die Bekämpfung des Alltagsrassismus, an dem sich dadurch nichts ändern würde, wird umso schwieriger.

Dazu müsste man in der Tat, wie Robert Habeck sagt, Rassismus „verlernen". Und zwar nicht nur der andere. Auch das sollte nicht zu einer Bilderstürmerei und dem Umschreiben vieler alter Kinderbücher führen. Aber doch früh ansetzen und ein Bewusstsein dafür schaffen, dass ein jedes Kind mit gleichen Rechten geboren wird und sie auch nie verliert.

Mit pauschalen Verdächtigungen gegen andere oder ganze Institutionen vertieft man eher Gräben und reißt neue auf. Es gibt eben nicht „nur" Menschen, sondern sehr vielfältige. Die Vielfalt kann man niemandem aufzwingen. Dass man niemanden wegen seines Soseins, wegen seines Andersseins diskriminieren darf, das dagegen schon. Und das muss auch im Sinne des Grundgesetzes durchgesetzt werden.

Auch mit dem Aussortieren von alten Filmen ist kaum etwas gewonnen. Und ist es so schlimm, dass es im Osten Ernst Thälmann als Namensgeber noch so eine große Rolle spielt? Etwas anderes ist es freilich, wenn heute noch eine Statue nach ihm benannt würde. So war das Errichten eines Denkmals in London für Bomber-Harris und die Einweihung eines Denkmals für das von ihm geführte Bomber Command durch die königliche Familie mehr als vier beziehungsweise fünf Jahrzehnte nach dem Krieg ein Affront für die Bombenopfer von Dresden, Hamburg und vieler weiterer Städte. Briten freilich sehen das anders, natürlich nicht alle, aber es ist auch ihr Denkmal.

Wurde in Bristol die Statue des Sklavenhändlers Edward Colston (1636–1721) ins Meer gestürzt? Ja, er war Sklavenhändler. Aber verehrt wurde er offenbar doch in erster Linie als Wohltäter, weil er Armenhäuser und Schulen unterstützte. Reich wurde der Mäzen jedoch im Wesentlichen durch Sklavenhandel. Insofern kann man ihn mit Fug und Recht stürzen.

Aber soll nicht auch der späte Rimbaud mit Sklaven gehandelt haben? Wenn es so war, stellte das sein frühes Lebenswerk in Frage, und zwar wie? Nein, Bilderstürmerei bitte nur in krassen Fällen, sonst Einordnung. Und entscheiden können und müssen das – nur – die betroffenen Anwohner oder Institutionen. Sie müssen auch mit der Kritik leben – so oder so.

INNERE EINHEIT

WANN HAT ES SIE JE GEGEBEN?

Gab es sie je – die innere Einheit Deutschlands? So wird gern gefragt mit Blick auf die deutsche Geschichte, insbesondere die Kleinstaaterei, den Flickenteppich, von dem schon die Rede war. Es stimmt, Deutschland war immer ein Bund von Staaten, von Städten und Regionen. Der Norden war anders als der Süden, wenn man denn überhaupt nach Himmelsrichtungen unterteilen will, der Westen nicht so wie der Osten.

Die tief verwurzelten, lange gewachsenen Unterschiede können aber heute nicht als Grund dafür dienen, die weiter fortbestehenden Unterschiede zwischen alten und neuen Bundesländern zu rechtfertigen, jedenfalls, soweit die Unterschiede immer noch Folge der gewaltsamen Teilung des Landes sind. Gleich sind die neuen Bundesländer hoffentlich nie; das waren auch die DDR-Bezirke nicht. Auf der anderen Seite sind Sonderregeln und ein (auch entsprechend verwendeter) Solidaritätszuschlag auch nur solange nötig, wie jene Wunden der Trennung noch schwelen.

Und nicht zu vergessen: Im Bercich der konkurrierenden Gesetzgebung hat der Bund auf bestimmten Feldern das Gesetzgebungsrecht, „wenn und soweit die Herstellung gleichwertiger Lebensverhältnisse im Bundesgebiet oder die Wahrung der Rechts- oder Wirtschaftseinheit im gesamtstaatlichen Interesse eine bundesgesetzliche Regelung erforderlich macht." Das ist keine Pflicht zur Herstellung gleichwertiger Lebensverhältnisse, erst recht nicht gleicher Lebensverhältnisse. Das Grundgesetz gibt lediglich dem Recht das Recht zur Gesetzgebung hierzu, „wenn und soweit" das im beschriebenen Sinne erforderlich ist.

Wolfgang Schäuble erinnerte 2018 daran, dass der Föderalismus die juristische Voraussetzung für die Wiederherstellung der staatlichen Einheit Deutschlands war – über den Beitritt der „neuen Länder" nach Artikel 23 des Grundgesetzes. Es gerate schnell in Vergessenheit, dass die 1990 wiedergegründeten, sogenannten „neuen" Länder für viele Ostdeutsche Heimat waren. Sie haben zur Akzeptanz des zwar von den meisten gewollten, aber eben doch fremden Systems beigetragen. „Unbehaust im vereinigten Deutschland, aber doch in ihrem Land zu Hause", so drückte es Richard Schröder aus. Tatsächlich fühlen sich wohl die meisten Bürger in ihrem Bundesland zu Hause, auch wenn es sich dann doch teilweise um künstliche Neuschöpfungen handelt. Wie stark die Verbundenheit ist, das merken jene, wie Schäuble sagt, die sich in der jüngeren Vergangenheit mit noch so rationalen Argumenten für eine Neugliederung der Länder eingesetzt haben.

Was aber heißt das für die innere Einheit? Deutschland und seine Bürger brauchen gewiss mehr Chancengleichheit. Carsten Schneider, Erster Parlamentarischer Geschäftsführer der SPD-Bundestagsfraktion meint, die Diskrepanz der Lebensverhältnisse schade den schwächeren wie den starken Regionen. So sei heute eine Wohnung für Polizisten oder Krankenpfleger in München oder Hamburg kaum noch finanzierbar. Die zunehmenden Pendlerzahlen führten zu Lärm- und Feinstaubbelastungen. Zugleich seien Rechtspopulisten in Gegenden wie Ostsachsen, die sich abgekoppelt fühlen, besonders erfolgreich. Somit müssten auch die „Boomregionen" daran interessiert sein, Wachstum zu kanalisieren und anderswo zu ermöglichen. Wir müssen demnach wegkommen vom „Reparaturbetrieb" hin zu besseren Wachstums- und Aufstiegschancen.

Aber daraus kann keine Gleichmacherei folgen. Denn Bundesstaatlichkeit bedeutet Unterschied, Wettbewerb und das Ringen um die beste Lösung. Das eine Land zahlt seinen Richtern mehr, das andere setzt andere Schwerpunkte. Wenn der Fachkräftemangel in einer „Boomregion" zu groß wird, muss sich diese Region eben etwas überlegen.

Das System darf freilich Faulheit nicht belohnen. Und es darf nicht dazu führen, dass ganze Ländergruppen immer weiter auseinanderdriften. Die „blühenden Landschaften" gibt es ja auf einigen Feldern durchaus. Spannend ist auch, wie sehr sich Ost und West trotz der brutalen Zwangstrennung und zweier völlig unterschiedlicher Systeme in mancherlei Hinsicht doch ähnlich blieben. Das zeigte ein im Juni 2020 im ZDF ausgestrahlter Vergleich mit Blick etwa auf Bildung und Freizeit, Sport oder was den Besitz von Fernsehern, Kühlschränken und Waschmaschinen angeht. Stefan Locke erinnerte in der F.A.Z. vom 24.6.2020 zudem daran, dass die Betonung der Konsumgüterproduktion in der DDR unter Erich Honecker genauso eine Reaktion auf das Leben im Westen war wie der üppig ausgebaute Sozialstaat in der Bundesrepublik auf das Leben im Osten. In zwei Kategorien freilich waren beide Staaten schon vor der Einheit fest vereint: beim Fleischkonsum und im Kampf gegen die Fettleibigkeit, der heute längst ein gesamtdeutscher ist. Auch hier zeigt sich, dass das, was die Deutschen in Ost und West verband, eben doch letztlich stärker war als alles Trennende. Die verbindenden Traditionen in den einzelnen Regionen und Bundesländern, aber auch die der Deutschen insgesamt, erweisen sich als ziemlich nachhaltig.

Heute muss es darum gehen – so die Teilung für die junge Generation überhaupt noch eine Rolle spielt –, Verständnis sowohl für die Unterschiede zu wecken als auch das Gemeinsame zu betonen, das Nationale.

JEDER MUSS SICH ENTSCHEIDEN

Weder Volk noch Staat sind geschlossene Veranstaltungen. Aber es gibt natürlich einigende Bande. So mag man sich von hoher fortschrittlicher Warte über eine „Leitkultur" lustig machen, über ein Integrationsgesetz spotten. Schließlich kann man weder Kultur noch Eingliederung einfach verordnen. Der ehemalige Präsident des Bundesverfassungsgerichts, Andreas Voßkuhle, bemühte einmal in einem Gespräch mit der F.A.Z. den Vergleich mit der Ehe. Auch die Pflicht zum ehelichen Beistand könne man schließlich nicht durchsetzen. Aber das heißt noch nicht, dass keine Rechtspflicht besteht. Der Vergleich mit dem – man muss wohl sagen: überkommenen – Institut der Ehe ist gleichwohl hilfreich: „Die Ehe wird auf Lebenszeit geschlossen. Die Ehegatten sind einander zur ehelichen Lebensgemeinschaft verpflichtet; sie tragen füreinander Verantwortung." Hier wird ein rechtliches Band geknüpft.

Um ein Band geht es auch bei der Staatsangehörigkeit. Man kann sie durch Geburt an einem bestimmten Ort erhalten, durch Abstammung oder durch Einbürgerung. Schon das zeigt, dass es gleichsam auf natürlichem Wege zahlreiche Mehrfachstaatler gibt. Man kann eine Staatsangehörigkeit auch aufgeben. Aber mit ihr verbunden sind Rechte und Pflichten.

Deutschland ist in einer anderen Situation als klassische Einwanderungsländer, die sich noch dazu in einer Art Insellage befinden wie Australien und in gewisser Weise auch Nordamerika. Deutschland ist Wohlstandsmagnet mitten in einem Europa ohne kontrollierte Binnengrenzen. Für ein solches Land kann die Staatsangehörigkeit kein Mittel zur Integration sein, sondern nur deren Schlusspunkt.

Als die rot-grüne Bundesregierung 1999 das Optionsmodell ins Leben rief, sollte dieses einer dauerhaften, zweifachen Staatsbürgerschaft vorbauen. Bis zum Alter von 23 Jahren mussten sich die Migranten für ein Land entscheiden. Theoretisch – denn tatsächlich behielten viele ihren alten Pass und nahmen den deutschen gern dazu. Damals lag offenbar die Vorstellung eher fern, die Bindung an einen Staat könne mit Loyalitätskonflikten einhergehen. Der Putsch und „Gegenputsch" in der Türkei, der auch auf deutschen Straßen ausgetragen wurde, hat hoffentlich auch die letzten Gutgläubigen ins Grübeln gebracht haben.

Die Grünen hielten es eine Zeitlang mit der Vorstellung, mit der doppelten Staatsangehörigkeit könne man den Fachkräftemangel in Deutschland beheben. Es gehe schließlich um knallharte deutsche Interessen. So schön es ist, dass auch deutsche Interessen zur Sprache kommen – ihnen ist weder mit einer großzügigen Verleihung der deutschen Staatsangehörigkeit noch mit einer Duldung mehrerer Staatsbürgerschaften gedient.

Niemand muss seine Herkunft abstreifen oder vergessen. Aber jeder muss sich entscheiden. Das gilt im Konfliktfall auch für die Doppelstaatler von Geburt. Mit einer Überhöhung des Staates in einer globalisierten Welt hat das nichts zu tun. Nur hat sich gezeigt, dass der Staat auch weiterhin die Organisationsform ist, in der Rechtsstaat und Demokratie zu Hause sind. Wer hier geboren ist, wer hier lange lebt und sich mit diesem Land identifiziert, warum soll der sich nicht entscheiden, Deutscher zu werden? Und wem die alte Heimat und die Verbundenheit mit seinen Vorvätern wichtiger sind, der kann sich mit Stolz für die Türkei entscheiden. Integration bedeutet gerade nicht, sich möglichst viele Optionen offenzuhalten.

Nötig wären viele Zeichen. Nicht nur faktisch haben zahlreiche Migranten nach einiger Zeit einen Anspruch auf Einbürgerung. Die politisch zur Schau gestellte Härte, plötzlich Hunderttausende abzuschieben (wohin eigentlich, wenn etwa die Heimatländer sich verweigern?), soll vergessen machen, dass der Anspruch auf Schutz und Asyl zu einem Recht auf Einwanderung geworden ist. Da sich Deutschland offenbar seine Einwanderer nicht aussuchen will oder kann, muss es sie integrieren. Die Gesellschaft darf sich nicht auch noch die Konflikte der Herkunftsländer seiner Neubürger ins Haus holen. Schön, dass man langsam auf die eigentlich naheliegende Idee kommt, Einbürgerungszeremonien mit Pathos und würdevoll zu feiern. Zurzeit vermittelt das Land das Bild einer großen kühlen Sozialbehörde. Deren Leistungen nimmt man gern – aber kein Wunder, dass das Band zur alten Heimat stärker ist.

Der Vorsitzende des Staatsschutzsenats des Düsseldorfer Oberlandesgerichts sprach 2005 bei der Verkündung der Urteile gegen Terroristen der Gruppe Al Tawhid von „unglaublichen Missständen". Vier Zeugen, so stellte sich heraus, hatten sich mit falschen Ausweisen die deutsche Staatsangehörigkeit erschlichen und konnten sich nur mit Hilfe von Dolmetschern verständlich machen. Einer der Angeklagten war schon als Drogenhändler verurteilt worden, wurde trotzdem geduldet und bezog unter falschem Namen Sozialhilfe. Nach 135 Verhandlungstagen, die sich über zwanzig Monate hingezogen hatten, stellte der Vorsitzende fest: „Bei frühzeitiger Abschiebung wäre Deutschland nicht nur von einer ernsten Anschlagsgefahr verschont geblieben, sondern man hätte sich auch zwei überaus teure Strafverfahren ersparen können." Er frage sich, was es sonst noch für Missstände bei der Anwendung des Ausländer- und des Staatsangehörigkeitsrechts gebe.

Aber was hat das mit Leitkultur zu tun? Gewiss, hierzulande gehört es nicht zur Kultur, Andersgläubige in die Luft zu sprengen. Es steht sogar unter Strafe. In den diesbezüglichen Gesetzen kommt selbstverständlich die deutsche, die europäische Kultur zum Ausdruck. Wenn also das Recht konsequent angewendet wird und die Ausländer sich rechtstreu verhalten, ist dann eine Debatte über eine deutsche Leitkultur überflüssig? Nein, denn Rechtstreue ist erst der Anfang, die Grundlage eines geordneten Zusammenlebens. Hier stimmt das Wort vom Recht als „ethischem Minimum" – nicht in dem Sinne, dass die Respektierung der Rechtsordnung geringzuschätzen sei, sondern dass sie die absolut notwendige, aber noch längst nicht die hinreichende Voraussetzung einer erfolgreichen Integration ist.

Davon kann erst die Rede sein, wenn Einwanderer dieses Land als das eigene anerkennen. Schon der parteipolitische Streit über das Einwanderungsgesetz krankte daran, dass das grundlegende Erfordernis verkannt wurde – das Bekenntnis zum eigenen Land. Breit diskutiert wurde stattdessen über die Verpflichtung zur Teilnahme an Sprachkursen. Auch das ist gewiss wichtig. Als sich das Bundesverwaltungsgericht mit den sprachlichen Anforderungen einer Einbürgerung befasste, bekräftigte es, dass Integration Sprachkenntnisse voraussetzt. Ausreichend sei, wenn der Ausländer „im familiär-persönlichen und im geschäftlichen Umfeld sowie im Umgang mit Behörden und Ämtern schriftlich verkehren kann". Der Einbürgerungsbewerber müsse sich hierfür jedoch „nicht eigenhändig schriftlich ausdrücken können".

Aber muss man nicht mehr vom „Einbürgerungsbewerber" verlangen? Oder anderes? In den Vereinigten Staaten demonstrieren Einwanderer, die kaum die englische Sprache beherrschen, wie selbstverständlich ihren Stolz auf Amerika. In Kreuzberg wäre ein öffentliches Bekenntnis von Türken zu Deutschland ebenso undenkbar wie eine Friedens- oder Antifa-Demo in schwarzrotgoldenen Farben.

Woher soll der Stolz von Einwanderern auf das neue Heimatland kommen, wenn selbst die einheimische Elite ein distanziertes Verhältnis dazu pflegt? Deutschland ist ein Land, in dem Minister Probleme mit Amtseid und Hymne haben; in dem man selbst in Veranstaltungen des Goethe-Instituts mitunter kaum ein deutsches Wort hört; wo auf mancher Konferenz der Max-Planck-Gesellschaft ausschließlich deutsche Teilnehmer auf Englisch radebrechen; ein Land, dessen führende Konzerne sich global nennen und gebärden, obwohl doch alle Welt sie als deutsch (oder gar bayerisch) wahrnimmt; ein Land, das das Interesse der Welt an seiner Sprache und an seinem Rechtssystem mit der Kürzung der Mittel für den Kultur- und Wissenschaftsaustausch beantwortet.

Warum sollte sich ein Türke zu diesem Land bekennen, das dessen eigene Bürger verachten? Warum sollte ihm eine Gesellschaft als Vorbild dienen, die zu wenig Kinder hat und nicht optimistisch in die Zukunft blickt? Wie fremd muss es ihm erscheinen, dass sich Deutsche für ihre Kultur, ihre Sprache, ihre Landsmannschaften nicht und allenfalls für die schwärzeste Zeit ihrer Geschichte verantwortlich fühlen.

Geschichte, die weiter zurückliegt, von Deutschen geprägte Gebiete, die weiter weg liegen – das gehört nicht zur gemeinsamen Erinnerungskultur. Wer soll sich mit einem Volk identifizieren, das das eigene Leid und die Opfer der Vergangenheit nur unter Vorbehalten und Bedingungen betrauert? Dessen Regierung sich mitsamt dem Deutschen Bundestag in vorauseilendem Gehorsam europäischen Regelungen unterwirft, die Fundamente des Grundgesetzes antasten? Erst das Bundesverfassungsgericht musste in Erinnerung rufen, dass die Deutschen eine „Schicksalsgemeinschaft" seien und dass der Bürger aus diesem Verbund grundsätzlich nicht ausgeschlossen werden könne. Das Grundrecht, das die Staatsangehörigkeit und den Verbleib in der eigenen Rechtsordnung garantiere, habe einen hohen Rang.

Keine Schicksalsgemeinschaft kann ohne Zusammengehörigkeitsgefühl bestehen. Das ist ein Geben und Nehmen. Der Vorsitzende des Deutsch-Türkischen Forums in der CDU lehnte einst – ebenso wie manche deutsche Politiker – den Begriff „Leitkultur" als missverständlich ab. Anders als jene glaubt er jedoch, dass wir eine Patriotismusdebatte brauchen. Er, der Deutsche türkischer Herkunft, vermisst eine positive Bestimmung der nationalen Identität der Deutschen, will über Nationalstolz reden – und trifft damit den Kern.

Diese Debatte brauchen wir gerade angesichts der neuen – alten – Extremisten. Den Stolz darf man sich nicht nehmen lassen. Der junge deutsche, in Cambridge lehrende Historiker Oliver Haardt schrieb auf „Staat und Recht" in der F.A.Z. vom 3.3.2016, Toleranz lasse sich heute nicht wie im Absolutismus verordnen. „Zur Demokratie gehört es, auch die Unzufriedenen zu hören." Statt sie von oben zum Schweigen zu bringen, sei es geboten, für Vielfalt zu werben. Er erinnert daran, dass im ausgehenden 17. Jahrhundert insgesamt ungefähr 20.000 französische Calvinisten in das eineinhalb Millionen Einwohner zählende Kurfürstentum Brandenburg emigrierten. Dies entspricht heute der Einwanderung nach Deutschland innerhalb nur eines Jahres, geht man von der Aufnahme von gut einer Million Flüchtlingen im Jahr 2015 aus. Allerdings waren die Hugenotten mehrheitlich gut ausgebildet, wirtschaftlich äußerst umtriebig und Konfessionsgenossen der Brandenburger. Diese Unterschiede sind aber kein Argument dafür, so meint Haardt, dass der Flüchtlingsstrom, der sich auch nach Ansicht der Bundeskanzlerin nicht wiederholen soll, Deutschland und seine Identität bedrohe.

Menschen verschiedener religiöser Überzeugungen seien in der Mitte Europas schließlich schon immer aufeinandergetroffen: zuerst Juden und Christen, nach der Reformation Katholiken und Protestanten. Der Gegensatz zwischen ihnen war keinesfalls von geringerer Sprengkraft, wie zahlreiche Pogrome und die europäischen Religionskriege des 16. und 17. Jahrhunderts zwischen protestantischen und katholischen Staaten belegen. Neu sind demnach nicht die Reibungen, sondern die Möglichkeiten, die eine aufgeklärte Gesellschaft hat, damit umzugehen.

Der Erfolg einer Integration „steht und fällt dabei mit der Religionsneutralität des Staates, wodurch er sich erst gar nicht auf einen Kampf der Kulturen einlässt." Haardt schließt daraus: „Die Geschichte zeigt, dass die deutsche Leitkultur eine Willkommenskultur ist." Unabdingbare Voraussetzung erfolgreicher Integration sei dabei die deutsche Sprache. Zusätzlich bedarf es der Brücke, die nur ein religions- und stammesübergreifendes Staatsethos bilden kann: das Grundgesetz. Tatsächlich hat Andreas Voßkuhle, Präsident des Bundesverfassungsgerichts bis Juni 2020, am Tag der Deutschen Einheit 2011 gesagt, unsere Verfassung setze „an die Stelle des einheitstiftenden Glaubens an ethnische und kulturelle Gemeinsamkeiten, an nationale Mythen oder Traditionen die Kernaussage des Grundgesetzes und der konkreten verfassungsrechtlichen Praxis".

Aber auch das Grundgesetz, seine Kernaussagen und die verfassungsrechtliche Praxis sind nur Texte, die mit Leben gefüllt werden müssen. Auch wenn kein Zweifel daran bestehen kann, dass nicht nur der Ruf des Grundgesetzes legendär ist und dass es die Grundlage für Integration ist: Es reicht nicht als „religions- und stammesübergreifendes Staatsethos". Nötig sind die Farben der Freiheit, Symbole, die jeder im Herzen tragen, aber auch an Wänden und Masten sehen kann.

Astrid Wallrabenstein, auf Vorschlag der Grünen 2020 zur Bundesverfassungsrichterin gewählt, hat in einer früheren Schrift hervorgehoben, worauf Patrick Bahners in der F.A.Z. vom 20.5.2020 hinwies, dass das Grundgesetz „für eine politische Ordnung ohne staatliche Souveränität und ohne klare Grenzen erdacht wurde und die daher eine politische Ordnung auch ohne staatliche Souveränität und ohne klare Grenzen denken kann".

Aber das Grundgesetz sollte aus einer Übergangsordnung eine neue Ordnung machen – was gut gelang. Jene Übergangzeit war jedoch eine, die auf eine totale militärische Niederlage folgte, während einer fortdauernden Besatzung, einer Zeit, die immer noch von existentieller Not und Tod geprägt war. Diese Zeit sollte das Grundgesetz mit einer Rückkehr zu Ordnung durch Staatsgewalt und auch Grenzen dieser Gewalt überbrücken.

Dieses aus dieser Zeit und Ordnung hervorgegangene Land muss als das seine anerkennen, wer herkommt, um zu bleiben. Und wer hier lebt, muss diese Ordnung leben und damit verteidigen. Anders ist kein Staat zu machen. Dass von Neuankömmlingen mehr verlangt wird als von Einheimischen, liegt in der Natur der Sache. Wer schon dazu gehört, muss sich an die Regeln halten, aber nicht auf besondere Weise zeigen, dass er sie verinnerlicht hat. Er gehört ja zum Souverän, also zu denen, die Aufnahmeregeln für Neubürger beschließen. Es gibt ein fundamentales Interesse ein jeder Gemeinschaft, sich neue Mitglieder frei auswählen zu können.

Es kann freilich auch nicht schaden, wenn sich auch jeder Einheimische, der ein Interesse daran hat, dass die eigenen Werte Bestand haben, zu seinem Land bekennen würde. Wenn Einwanderer bei den Ansässigen eher auf Verachtung der eigenen Traditionen stoßen – was sollen sie davon halten. Dann wird Deutschland ein anderes Land.

SCHWARZ · ROT · GUT

Warum also steht Deutschland so gut da? Es ist natürlich bei weitem nicht das einzige Land, das aus seiner Geschichte lernte. Doch war das deutsche Verbrechen schlechthin, der Völkermord an den europäischen Juden, so monströs, dass es eine besondere Antwort herausforderte. Das Grundgesetz und das, was aus ihm gemacht wurde, ist eine solche Antwort. Man braucht hoffentlich keine Tiefenbohrung in die deutsche Geschichte, um zu wissen, dass jeder Mensch vor dem Recht gleich ist. Jedenfalls steht die deutsche Demokratie auf einem festen Fundament, dessen Grundmauern viel weiter reichen als Nachkriegszeit und Diktatur.

Die deutsche Teilung war für die Deutschen in der DDR ein schrecklicher Großversuch. 40 Jahre SED-Herrschaft haben tiefe Spuren in mehr als einer Generation hinterlassen. Die Abtreibung unterlag einer Fristenlösung. Kleinkinder wurden ohne Wahlmöglichkeit in Scharen unter staatliche Betreuung gestellt. Wer frei sein wollte, bekam Repressalien zu spüren. Die Pflege von Behinderten und Alten war ihrer nicht würdig. Die Gesellschaft wurde entkirchlicht und gottvergessen. Eine 68er-Revolution gab es nicht. Wohl aber walzten sowjetische Truppen mit Hilfe von NVA-Soldaten 1968 den Prager Frühling nieder. Die Frauen waren berufstätig und im Beruf viel mehr gleichberechtigt als im Westen – nicht aber in der Familie und nicht in der Staatsführung. Und doch hat sich gezeigt, dass diese Jahrzehnte der Unterdrückung und die Verwerfungen, welche die Wiedervereinigung auslöste, den Aufbau eines demokratischen Gemeinwesens nicht hinderten.

Trotz vieler Gefährdungen hat sich diese Republik als erstaunlich stabil erwiesen. Gerade in der Corona-Krise kamen neue und alte deutsche Tugenden zusammen: Ein Widerspruch gegen die

Beschränkungen, den es so in Europa nirgends gab, und zugleich ein Vertrauen in die Regierung und eine Abkehr von Extremen, wie sie ebenfalls anderswo kaum zu finden ist, jedenfalls nicht in den ältesten Demokratien der Welt.

Carl von Ossietzky schrieb zehn Jahre nach der Revolution von 1919, Deutschland sei undankbar und das einzige Land, das nicht in der Lage sei, eine Verbesserung zu begreifen – und eine Revolution zu feiern. Da war etwas dran. Ist die Lage heute ähnlich? Man darf tatsächlich nicht undankbar sein. Die Situation ist mehr als erstaunlich, wenn man bedenkt, wo Deutschland vor 75 Jahren stand – und wie es heute dasteht. Viel fehlte nicht, und aus diesem Land wäre ein zerstückeltes Agrarland geworden, und Hunderttausende mehr wären umgekommen.

Auch dass die deutsche Teilung nach 40 Jahren durch eine friedliche Revolution überwunden werden konnte, ist ein selbst erarbeitetes Wunder, auf das man stolz sein muss, das aber bisher politisch und kulturell noch gar nicht richtig verarbeitet wurde.

Die Wiedervereinigung konnte nur erreicht werden durch die endgültige territoriale Abschreibung der schon länger verlorenen einstigen Ostgebiete. Wieder entstanden ist kein neues Reich, wohl aber ein reiches Land in der Mitte Europas, ohne und gegen das auch in der Europäischen Union nichts läuft. Manchen erinnert die Konstellation schon wieder an die Zeit vor dem Ersten Weltkrieg.

Aber es wäre – trotz der dringend gebotenen Dankbarkeit – nicht nur geschichtsvergessen, sondern auch respektlos und gefährlich, alle Erinnerungen abzuschneiden. Wie soll man sonst aus Erfahrungen lernen?

Der britische Historiker Neil MacGregor scheibt in „Germany. Memories of a Nation" am Anfang über „Lost Capitals": Wenn man über die Geistesgeschichte eines Landes nachdenke, dann sei dessen älteste Universität ein guter Ausgangspunkt. In England sei das, „niemand weiß warum, das unbedeutende Oxford." Und in der deutschsprachigen Welt ist das – Prag. 1348 von Karl IV. gegründet. Und MacGregor nennt noch eine andere Stadt mit einer Universität, in der heute ebenfalls kaum noch deutsch gesprochen wird: Königsberg – Und dann noch Straßburg. Er kommt auch auf den Reichstag zu sprechen, auf dessen wechselvolle Gesichte vor 1945, seinen Dämmerschlaf danach, auf das Holocaust-Mahnmal und schließlich auf den Platz, an dem der Palast der Republik stand und an dem nun das Stadtschloss mit dem Humboldt-Forum neu entsteht, dessen Gründungsintendant MacGregor war: „Wieder ist Berlin dabei, einen Traum zu bauen: diesmal den eines friedlichen, bereichernden Dialogs der Kulturen…" Wer weiß schon, ob es so kommt. Mit Träumen ist Deutschland nicht immer gut gefahren. Richtig aber ist MacGregors Schlusssatz: „Die komplexe deutsche Vergangenheit wird auch hier einmal mehr neu geformt werden durch ihre Monumente und Erinnerungen."

Nicht nur die Vergangenheit wird immer wieder neu geformt. Deutschlands Rolle ist offen. An seiner territorialen Lage hat sich nichts geändert. Es ist vor 30 Jahren wieder größer geworden, aber immer noch kleiner als vor 100 Jahren. Das Land ist aber wieder eine Macht, eine stärker eingebundene Macht als zuvor – aber doch immer noch eine, wenn nicht die entscheidende auf dem Kontinent. Die Zeichen stehen gut, dass der wehrhafte demokratische Rechtsstaat Bestand hat. Das Fundament ist so sicher und elastisch zugleich, dass sich das Land immer wieder neu erfinden kann.

QUELLENHINWEISE

Das Buch fußt im Wesentlichen auf folgenden Artikeln des Verfassers:

Was ist Deutschland?

„Neu entstanden aus Katastrophen", F.A.Z. vom 15.07.2010, Staat und Recht, Seite 6.

„Deutschland als Ganzes", F.A.Z., 08.05.2015, Seite 10.

Wiedervereinigung

„Es musste so kommen", F.A.Z. vom 09.11.2019, Beilage „30 Jahre Mauerfall", Seite B1

„Grenzfragen", F.A.Z. vom 21.04.2011, Staat und Recht, Seite 7.

„Versteinertes Besatzungsrecht", F.A.Z. vom 10.05. 2005, Seite 14.

Ein souveräner Staat

„Herrschaft des Rechts wiederherstellen", F.A.Z. vom 12.02.2016, Seite 2.

„Gedämpfte Hoffnung", F.A.Z. vom 17.07.2018, Seite 8.

„Zwischen Euphorie und Apokalypse", F.A.Z. vom 14.01.2012, Seite 10.

Deutschland in der Europäischen Union

„Eine Union des guten Willens", F.A.Z. vom 14.05.2020, Seite 1.

„Auf abschüssiger Bahn", F.A.Z. vom 18.07.2017, Seite 1.

Rechtsstaat

„Justiz am Limit", F.A.Z. vom 05.05.2020, Seite 8.

„Ein Traum von Strafprozess?", F.A.Z. vom 26.08.2019, Seite 1.

„Eine gesunde Demokratie", F.A.Z. vom 07.05.2020, Seite 1.

Föderalismus

„Was für ein Bundesstaat?", F.A.Z. vom 04.12.2018, Seite 1.

„Die Macht von unten", F.A.Z. vom 22.09.2014, Seite 1.

„Selbstbestimmung heißt nicht Sezession", F.A.Z. vom 06.10.2017,
    Seite 1.
„Freier Staat?", F.A.Z. vom 10.02.2020, Seite 8.
„Das Virus im föderalen Rechtsstaat", F.A.Z. vom 03.03.2020, Seite 1.

Der Mensch und seine Rechte

„Das deutsche Tabu", F.A.Z. vom 27.01.2015, , Seite 8.
„Die Farben der Freiheit", F.A.Z. vom 04.09.2019, Seite1,
    unter Bezugnahme auf: „Der Preis der Enge" von Bernhard Schlink,
    F.A.Z., 01.08.2019, Seite 8,
    und „Bürgerliche Moderne" von Peter Altmaier, F.A.Z. vom
    29.08.2019, Seite 7.
„Die im Dunkeln schützen", F.A.Z. vom 12.12.2017, Seite 1.
„Tod auf Bestellung", F.A.S., vom 01.03.2020, Seite 8.
„Keimzelle in Gefahr", F.A.Z. vom 13.03.2014, Seite 1.
„Die Verfassung wird verbogen", F.A.Z. vom 30.06.2017, Seite 1.

Gleichheit

„Freiheit oder Gängelung", F.A.Z. vom 08.04.2019, Seite 1.
„Plattner ist feige", F.A.S. vom 29.12.2019, Seite 10.

Religion

„Das Wagnis der Religionsfreiheit", F.A.Z. vom 04.05.2016, Seite 1.
„Grenzen der offenen Gesellschaft" F.A.Z. vom 29.08.2016, Seite 1.
„Gefährdet" F.A.Z. vom 28.05.2010, Seite 10.
„Neutralität schafft Freiheit", F.A.Z. vom 18.03.2015, Seite 1.

Pflicht

„Eine Debatte über das Dienen", F.A.Z. vom 08.08.2018, , Seite 1.
„Angriff auf eine Armee mit Tradition", F.A.Z. vom 17.05.2017, Seite 1.
 „Eine neue Kultur", F.A.Z. vom 18.12.2019, Seite 1.
„Elite-Krieger für alle", F.A.Z. vom 01.07.2020, Seite 8.
„Kriegsdienst für eine gute Sache", F.A.Z. vom 08.10.2009, Seite 1.
„Hoffnung und Angst", F.A.Z. vom 18.04.2020, Seite 8.

Der Schatten von Weimar

„Als die Waffen schwiegen", F.A.Z., 09.11.2018, Seite 1.

„Geburtsurkunde des freien Staatswesens", F.A.Z. vom 31.07.2019, Seite 8.

„100 Jahre Republik", F.A.Z. vom 31.12.2018, Seite 10.

„Der Teufel an der Wand", F.A.Z., 04.10.2018, Seite 10.

„Für die Freiheit", F.A.Z. vom 18.01.2017, Seite 1.

„Dem Terror trotzen", F.A.Z. vom 02.04.2016, Seite 1.

„Im hellen Schein der Guten", F.A.Z. vom 09.06.2020, Seite 1.

„Der Geist des Grundgesetzes", F.A.Z. vom 13.06.2020, Seite 1.

Innere Einheit

„Jeder muss sich entscheiden", F.A.Z. vom 12.12.2016, Seite 1.

„Leitkultur", F.A.Z. vom 03.11.2005, Seite 1.

Weitere Quellen werden im Text genannt.

DER AUTOR

Reinhard Müller ist Leitender Politikredakteur der F.AZ. Seit 1998 beschäftigt er sich mit „allem, was Recht ist" und mit Innenpolitik. Seit 2008 ist er für die Seite „Staat und Recht" zuständig, seit Juli 2012 verantwortlicher Redakteur für „Zeitgeschehen". Seit November 2017 zudem verantwortlich für „F.A.Z. Einspruch".

Pressepreis des Deutschen Anwaltvereins 2017 für seine „Gesamtleistung als Berichterstatter und Kommentator zu rechtspolitischen Themen". @Reinhard_Mue

© F.A.Z.